Geboren im
Großen Regen

Fadumo Korn, Jahrgang 1964, arbeitet für »Forward Germany e.V.«, einen Verein, der sich gegen den Brauch der Genitalverstümmelung bei Frauen engagiert. Sie lebt mit ihrem Mann und ihrem Sohn in München.

Fadumo Korn
mit Sabine Eichhorst

Geboren im Großen Regen

Mein Leben zwischen Afrika und Deutschland

Weltbild

Für Khadija Fous

Besuchen Sie uns im Internet:
www.weltbild.de

Genehmigte Lizenzausgabe für Verlagsgruppe Weltbild GmbH,
Steinerne Furt, 86167 Augsburg
Copyright der Originalausgabe © 2004 by
Rowohlt Verlag, Reinbek bei Hamburg
Umschlaggestaltung: Atelier Seidel, Teising
Umschlagmotiv: (© BR / Korn)
Gesamtherstellung: CPI Moravia Books s.r.o., Pohorelice
Printed in the EU
ISBN 978-3-8289-8831-6

2010   2009   2008   2007
Die letzte Jahreszahl gibt die aktuelle Lizenzausgabe an.

• INHALT •

Nomadenleben 7

In Mogadischu 93

In Deutschland 159

Epilog 251

Adressen 254

NOMADENLEBEN

• • •

• EINS •

IN DER FERNE BRÜLLTE EIN LÖWE, ein tiefes, lang gezogenes Brüllen, das die Nacht verabschiedete. Die Luft roch nach Feuer und frischem Tee, und am Horizont zog das erste Licht des Tages auf. An meiner Schulter spürte ich die Wärme von Adans Atem, gleichmäßige Züge. Ich rieb mir den Schlaf aus den Augen und setzte mich auf.

Nur wenige Schritte entfernt hockte meine Mutter und brach Zweige. Maryan, die zweite Frau von Onkel Yusuf, rollte Matten zusammen. Wo am Abend zuvor ihre Hütte gestanden hatte, lag ein metallener Koffer im Sand, zwei Schemel standen daneben, ein Eimer, Kochtöpfe. Wieder brüllte der Löwe, kurz diesmal. Bald würde er sich einen Schlafplatz suchen. Wir hatten die Nacht überstanden.

Tante Maryan begann, die bunten, geflochtenen Lederbänder zu lösen, die die Wände unserer Hütte schmückten. Meine Cousine Nadifo band Weidenstangen zu Bündeln, und in der Ferne hörte ich den hölzernen Ton einer Kamelglocke. Mein Bruder Adan erwachte. Ich griff nach seiner Hand. In wenigen Stunden, wenn die Sonne höher stünde, würde der Sand leuchten wie Kupfer. Jetzt, im Halbdunkel des Morgens, glichen die Silhouetten der Büsche struppigen Kugeln. Von Allah durch die weite Wüste getrieben, waren einige hierhin gerollt, andere dorthin, als habe Gott mit ihnen gespielt und dann die Lust am Spiel verloren.

Ab und zu erhob sich schwarz eine Schirmakazie.

Meine Mutter fachte die Glut an. Dann trug sie eine Kanne zu einem der Wasserbehälter und füllte sie mit Wasser. Adan streckte sich und zog das Tuch fest, das um seine Hüfte geschlungen war. Ich rollte unsere Schlafmatte zusammen. Meine Mutter goss Wasser in die Mulde, die Adan mit beiden Händen formte, und mein Bruder wusch sein Gesicht. Dann wandte sie sich mir zu; ich liebte die kühle Frische, die das Wasser jeden Morgen für einen Moment auf meiner Haut hinterließ.

Unser Lagerplatz war von einem Zaun aus dornigen Zweigen umgeben, hinter dem ich die Umrisse unserer Kamele erkannte. Ich hörte die Stimme meines älteren Bruders Jama, sein Schnalzen. Auch der Klang der Kamelglocke war nun deutlich zu hören, und mit jedem durchdringenden Ruf eines Tieres vibrierte die Luft. Ich legte die zusammengerollte Schlafmatte zu denen der anderen.

Ich wollte nicht umziehen. Ich wollte bei Mahad bleiben, meinem Freund.

Ein Schaf blökte, und Nadifo goss Tee in eine Schale. Mein Vater betrat den Platz vor dem Halbkreis unserer Hütten, er rief Adan etwas zu, und mein Bruder rannte zur Hütte von Timiro, Onkel Yusufs erster Frau. Kurz darauf kehrte er in Begleitung ihrer Söhne zurück. Jama trieb mehrere Lastkamele vor sich her, er schnalzte, und sein dünner Stock traf ihre Flanken. Zwei Kamelstuten bissen, geschickt wich Jama ihnen aus, die Tiere stießen lange kehlige Laute aus, dröhnende, fast drohende Bekundungen ihrer Empörung. «*Ju*», rief mein Vater und zog an ihrem Zaumzeug, damit sie sich niederließen, und die Jungen schlugen mit ihren Ruten nach den Tieren. «*Ju*», rief auch mein Cousin

Said. Widerstrebend knickte das erste Tier mit den Vorder-
beinen ein, sank mit der Last seines Gewichts zu Boden,
den Hals lang gestreckt, den Kopf hoch erhoben. Auch die
anderen Kamele bissen und spuckten und brüllten, doch
mein Vater, Said und Jama kümmerten sich nicht darum.
Schließlich saßen alle Tiere im Sand vor den Hütten. Die
ledrige Haut ihrer Beine war staubig braun.

Die Männer begannen, die Herde zu untersuchen. Beinahe zärtlich fuhren sie mit den Händen durch das kurze
Fell am Hals der Kamele, strichen über Bäuche und Rücken,
tasteten nach Kletten und Zecken, kontrollierten die Hufe
auf Dornen und Steine. Sie breiteten Decken und Matten
über die Rücken der Tiere, strichen sie glatt, sorgsam darauf bedacht, dass nirgendwo etwas drückte oder scheuerte.
Nach und nach beluden sie dann die Kamele mit unserem
Hab und Gut. Ein Nomade besitzt nie mehr, als er auf den
Rücken eines Kamels laden kann.

Eine Hand griff nach meinem Arm. «Geh und melk
die Ziegen», sagte meine Mutter. Ich nahm den hölzernen
Krug und schlängelte mich zwischen den Kamelen hindurch zu den Gehegen. Vorsichtig, um mich nicht an den
Dornen zu stechen, öffnete ich ein Gatter. Es roch nach
Dung; lautes Meckern füllte die Luft. Die Ziegen stießen
ihre Nasen gegen meine Beine, manche auch ihre Hör-
ner. Durch mein Tuch hindurch spürte ich ihren Atem.
Ich zählte nach, ob auch keines der Tiere über Nacht verschwunden war, dann hockte ich mich hin und griff nach
einer Ziege. Sie meckerte jämmerlich. Rasch klemmte ich
eines ihrer Beine zwischen meine Knie und begann, über
das Euter zu streichen, an den Zitzen zu ziehen. Doch das

Tier wollte keine Milch geben. Es spürte, dass ein Umzug bevorstand.

Als ich mit der nur halb gefüllten Kanne zurückkehrte, waren schon alle Hütten verschwunden. Jama hatte die Vorderbeine der beladenen Kamele mit Stricken zusammengebunden, damit sie nicht fortlaufen konnten. Meine Mutter füllte einen Becher und reichte ihn meinem Vater, ließ meine Brüder trinken, dann mich und trank schließlich den Rest der noch warmen Milch.

Mahad. Wo war bloß Mahad?

Die Sonne hing über den Sandhügeln, als die Karawane sich in Bewegung setzte. Hufe scharrten im Sand, und Lämmer blökten. Die Kamele schnaubten, gurgelten, röhrten; einer Stute hatte mein Vater den Unterkiefer festgebunden, sodass sie nicht mehr beißen konnte. In einer langen Reihe zogen die Tiere an dem Dornenzaun entlang; dahinter lag verlassen, was unser Zuhause gewesen war.

Jama führte das Leittier. Hinter ihnen trieben Said und die Söhne von Onkel Yusuf den Zug an, ließen ihre Ruten knallen, schnalzten und zogen an den Sisalseilen, die am Halfter der Tiere festgeknüpft waren; ab und zu ahmte einer der Jungen Jamas Schnalzen nach. Nadifo und die anderen Mädchen versuchten, die Ziegen und Schafe beisammenzuhalten.

Ich saß im Sand, neben dem Platz, der uns als Feuerstelle gedient hatte, und sah der Karawane zu.

«Was ist los?», fragte mein Vater, als er mich dort sitzen sah.

«Ich bleibe hier.»

Mein Vater beugte sich vor und sah zu mir herunter. «Meine Tochter bleibt hier?»

«Ich ziehe nicht mit um! Ich will bei Mahad bleiben.»

Mahad und ich gehörten zum selben Clan, waren entfernt verwandt. Mahad war so alt wie ich und nicht sehr beliebt, denn er konnte weder hören noch sprechen. Mich schreckte das nicht. Wir hatten eine Sprache gefunden, verständigten uns mit Zeichen und Gesten. Ich mochte Mahad und wollte ihn nicht zurücklassen. Er war doch mein Freund!

Mein Vater schüttelte den Kopf.

Das Leittier lief voraus, behäbig folgten ihm die Lastkamele. Baumhoch bepackt überragten sie ihre Antreiber, die nicht einmal halb so groß waren. Frauen und kleine Kinder marschierten hinterher, barfuß durch die Steppe, eingehüllt in Tücher, die sie vor der Sonne schützten. Ich starrte auf die Staubwolke, die immer kleiner wurde und noch zu sehen war, als von Menschen und Tieren längst kein Laut mehr zu hören war. Ich zog mein Tuch fester. Eine Fliege krabbelte über die Innenseite meines Unterarms.

Die Sonne stieg höher, ich schwitzte.

Die Staubwolke verschwand am Horizont.

Allmählich bekam ich Angst.

Ich fing an zu weinen. Vor Angst, aber auch vor Zorn riss ich mein Tuch los und warf es in die Glut der Feuerstelle. In Sekunden brannte es lichterloh. Ich war zu stolz, um hinter der Karawane herzulaufen; doch es kam auch niemand, um mich zu holen. Meine Familie zog fort und ließ mich einfach zurück!

Ich sah mich um. Im Schatten einer Schirmakazie, nur einen kurzen Fußmarsch entfernt, lagen die Hütten von

Mahads Familie. Es war still. Um diese Zeit hüteten Mahads Schwestern und Cousinen die Ziegen, er selbst und seine Brüder führten die Kamele zur Wasserstelle. Sie würden erst kurz vor Einbruch der Dunkelheit zurückkehren.

Ich setzte mich in den heißen Sand, weinte, wartete.

Es mussten Stunden vergangen sein, als ich erneut eine Staubwolke entdeckte, eine kleinere diesmal, und sie bewegte sich geradewegs auf mich zu. Als sie nahe genug war, erkannte ich meinen Vater.

«Wie kann ein Kind nur so dickköpfig sein?», schimpfte er. «Du kannst nicht hier bleiben. Wir müssen weiterziehen, denn hier gibt es kein Wasser mehr.»

Später gab mein Vater zu, dass er mich im Durcheinander des Aufbruchs vergessen hatte; er war sicher gewesen, dass ich nach kurzer Zeit von allein folgen würde.

Als er mich auf seine Schultern hob, grollte ich und war doch heilfroh. In der Hitze des Mittags zogen wir unserer Karawane hinterher.

Am späten Nachmittag schickte mein Vater einen Späher voraus. Es dämmerte schon, als er zurückkehrte und erklärte, er habe einen Platz für die Nacht gefunden, nur etwa eine halbe Stunde Fußmarsch entfernt.

Jama und Said trieben die Kamele an, und der Späher lief wieder voraus. Bald war er nicht mehr zu erkennen, verschlungen von der roten Erde. «Er wird den Platz von bösen Geistern reinigen», sagte mein Vater. «Und Holz sammeln, bevor es dunkel wird.» Ich stapfte hinter meinem Vater her. Mein Rock wickelte sich um meine Beine, und ich hatte Mühe, den eiligen Schritten der Erwachsenen zu folgen.

Der Platz, den wir mit Einbruch der Dunkelheit erreichten, sah genauso aus wie der, den wir am Morgen verlassen hatten. Mitten in der Steppe hatten andere Nomaden bereits einen Zaun aus Dornenzweigen errichtet, Pferche für ihre Ziegen und Schafe, umgeben von Dornengestrüpp, sodass die Tiere geschützt waren vor den Schakalen, den Hyänen und den Wildhunden, die sich in der Nacht anpirschten. Sie hatten Hütten aus Weidengestängen und geflochtenen Matten errichtet, hatten Wasserbehälter installiert und eine Feuerstelle in der Mitte des Platzes gebaut. Sie hatten das Lager erst vor kurzem verlassen; ihre Spuren waren noch nicht vom Wind verweht, der Tierkot frisch, der Zaun intakt. Die Männer luden das Gepäck ab. Da wir im Morgengrauen weiterziehen würden, richteten die Frauen ein Nachtlager unter freiem Himmel her. Dann begannen sie, Hirse für das Abendessen zuzubereiten.

Nach dem Essen saßen alle um das Feuer herum. Die Erwachsenen unterhielten sich; wir Kinder kuschelten uns auf unseren Schlafmatten aneinander. Ich hörte, wie mein Bruder sagte, ich müsse am Rand schlafen, und wenn ein Löwe käme, würde er mich zuerst fressen, doch ich war zu müde, um ihn deswegen zu verhauen.

Mein Name ist Fadumo Abdi Hersi Farah Husen. Ich bin die zweite Tochter und das fünfte Kind von Mayran Mohamed Elmi und Abdi Hersi Farah Husen. Ich wurde geboren im Großen Regen, 1964. Es war ein gutes Jahr; länger als sonst war die trockene Steppe im Ogaden in Somalia, nicht weit von der Grenze zu Äthiopien, grün und gab den Tieren und damit den Menschen Nahrung. Wer immer später über meine Geburt sprach, erinnerte sich an den Großen Regen.

Mein ältester Bruder Ahmed war damals schon erwachsen, er lebte als Soldat in der Stadt. Mein Bruder Jama war achtzehn. Er galt als der Schönste in der Familie, mit seinem muskulösen Körper und den ebenmäßigen weißen Zähnen. Khadija, meine Schwester, war neun Jahre alt und ein stures, ausgesprochen temperamentvolles Kind. Sie lebte die meiste Zeit in der Stadt, bei meinem Onkel Mohamed. Von Zeit zu Zeit besuchte sie uns. Mein Bruder Adan war vier Jahre älter als ich, und uns verband eine Hassliebe, denn ich hatte ihm seinen Platz als Nesthäkchen streitig gemacht. So, wie ein paar Jahre später Mohamed mich aus Mutters Armen vertreiben sollte.

Meine Haut war heller als die meiner Geschwister, und meine Haare schimmerten rötlich, wenn die Sonne darauf fiel. Beides gilt in Somalia als besonders schön und machte meine Mutter sehr stolz. Sie selbst war von kleiner, eher rundlicher Statur und sehr dunkel. Sie steckte voller Energie, versorgte die Familie, kochte, hütete das Vieh und bestellte die Felder, selbst wenn sie schwanger war. Sie mahlte Mehl, flocht Seile, stellte Matten oder Leder her und sprang im nächsten Moment schon wieder auf, um einem ihrer Kinder die Ohren lang zu ziehen, denn sie war sehr streng. Mein Vater war ein Riese mit leuchtend rotem Haar und einem hennagefärbten Bart; ein sanfter Mann, der nie schimpfte und sich selten aufregte.

Mein Vater hatte sich in Mulaho Mohamed Elmi verliebt, die Schwester meiner Mutter, die jedoch mit seinem Onkel verheiratet war. Der Onkel war alt, und als er starb, warb mein Vater um Mulaho. Sie war sehr schön, man sang Lieder über ihren hoch gewachsenen Körper und ihr langes Haar. Doch die Tradition sah vor, dass der Bruder des Toten dessen Witwe heiratete. So verhinderte man, dass Fremde einheirateten, und die Kinder blieben in der Familie.

Mein Vater entführte Mulaho.

Sie flohen, heirateten heimlich und kehrten erst zurück, als Mulaho schwanger war. Nach der Geburt meiner Halbschwester Halima wurde die Ehe annulliert und Mulaho mit dem Bruder ihres verstorbenen Mannes verheiratet. Mein Vater war sehr unglücklich darüber. Schließlich heiratete er Mulahos Schwester, meine Mutter. Deren Brüder, bei denen sie aufgewachsen war, denn die Eltern waren früh verstorben, hatten es so bestimmt. Als meine Mutter ihr erstes Kind zur Welt brachte, war sie gerade fünfzehn Jahre alt. Trotzdem führten meine Eltern offenbar eine glückliche Ehe; immerhin war mein Vater ein angesehener Mann aus guter Familie, und meine Mutter hatte den stolzen Charakter geerbt, den mein Vater schon an Mulaho so geliebt hatte.

In Somalia gibt es vier große Stämme, die Daarood, die Isaaq, die Hawiye und die Dir. Sie gliedern sich wiederum in zahlreiche Clans, die untereinander oft zerstritten sind. Die Stammeszugehörigkeit spielte schon immer eine wichtige Rolle für uns. Alle Nomadenkinder lernen früh die Lieder, die von der Geschichte ihres Stammes erzählen, sodass bereits die Kleinsten ihre Abstammungslinien auswendig kennen. Dabei können die Namen der Großväter bis zu sechzig Generationen zurückreichen! Ich gehöre zum Stamm der Daarood, zum Clan der Marehan, zur Familie der Reer Kooshin. Ich habe mehr als ein Dutzend Onkel und Tanten, rund vierzig Cousinen und Cousins sowie sechs Halbgeschwister; mit einigen lebten wir als Nomaden zusammen. Mein Vater besaß über fünfzig Kamele, mehr als fünfhundert Schafe und Ziegen und ein Dutzend Kühe.

Wir waren eine angesehene Familie.

Der Mond versank, die Frauen rollten die Matten zusammen, die Mädchen trieben die Ziegen aus den Gehegen, die Jungen holten die Kamele, und die Männer beluden sie.

Noch vor Sonnenaufgang zog die Karawane weiter.

Die Schafe rannten durcheinander, und die Ziegen liefen fort, sobald sie irgendwo einen Strauch entdeckten, an dem vielleicht ein paar Blätter zu finden waren. Ich folgte ihnen über die harte heiße Erde, trat in Stachel und schnitt mir an scharfen Wurzeln die Fußsohlen auf, Dornenbüsche zerkratzten meine Beine. Ich zog meine Schuhe aus und trug sie in der Hand, damit sie nicht kaputtgingen. Onkel Yusufs zweite Frau Maryan schimpfte, ständig machte eines der Kinder einen Fehler, eine Ziege ging verloren, oder jemand trödelte. Tagelang marschierten wir von Sonnenaufgang bis Sonnenuntergang, legten endlose Entfernungen zurück.

Am fünften Tag blieb Tante Asha im Schatten einer Schirmakazie zurück. Ihr riesiger Bauch schmerzte, sie konnte kaum gehen. Ich verstand nicht, warum man sie nicht auf einem der Kamele reiten ließ; Kranke und Alte mussten doch auch nicht zu Fuß marschieren. Onkel Yusuf erklärte, die Kamele trügen bereits unsere Hütten und Vorräte und mehrere Lämmer, es sei kein Platz. Meine Mutter richtete Tante Asha ein Lager her und blieb bei ihr. Am Abend tauchten die beiden Frauen plötzlich aus der Dunkelheit auf. Im Schein des Lagerfeuers stand Tante Asha, das Gesicht durch die Flammen erleuchtet, und hielt ein Baby im Arm. Es war klein und runzelig und schnarchte. Alle Mädchen sprangen auf und wollten es streicheln.

Am nächsten Morgen lief Tante Asha mit dem Neugeborenen auf dem Rücken mit unserer Karawane weiter. Der Himmel war klar, und die Landschaft wechselte ihre Farbe mit dem Stand der Sonne. Sie hatte in der Frühe die Farbe eines Löwenfells und leuchtete gegen Abend rot wie wilde Tomaten. Wir kamen an meterhohen Termitenhügeln vorbei, in denen es surrte und summte, und manchmal fragte ich mich, ob es wirklich nur Tiere waren, die diese Geräusche verursachten. Vielleicht waren es Hexen und Geister? Ich bewunderte die Schönheit unserer Tiere, die schwarzweißen Muster der Ziegen, den majestätischen Gang der Kamele, ihre langen Wimpern, unter denen sie träge hervorblickten. Einmal während eines Umzugs, ich war krank gewesen, hatte mein Vater mich auf ein Kamel gehoben. Umgeben von Matten, hatte ich im Sattel gelegen, das gleichmäßige Schaukeln gespürt und war, überwältigt von der Monotonie und vom Fieber, eingeschlafen. Ich erwachte, als das Kamel einen Sprung zur Seite machte. Mein großer Bruder Jama stieß einen lauten Ruf aus, eine Peitsche knallte, und das Kamel ging mit mir durch. Es galoppierte davon, die Männer rannten hinterher, das Kamel lief schneller, es jagte, es flog. Und blieb dann abrupt stehen. Mitsamt Sattel und allem Gepäck schoss ich durch die Luft und landete in einem Dornenbusch. Seither ging ich lieber zu Fuß.

Am Nachmittag des neunten Tages erreichten wir unser Ziel. Es regnete, und die Erde dampfte. Wohin man auch sah, war es grün. Die Bäume schienen von innen her zu leuchten, die Büsche waren prall und üppig, wie trächtige Schafe. Aus dem Boden schossen Pflanzen, die es zuvor nicht gegeben hatte. Die Luft duftete, und die Herde war satt und zufrieden. Tante Maryan und meine Cousine Nadifo bogen Weidenstangen zu hohen Bogen und befestigten sie mit Sisalseilen. Meine Mutter rollte Bündel von Matten auseinander und begann, die Gestänge mit ihnen zu verkleiden. Bevor die Dunkelheit hereinbrach, standen unsere Hütten in einem Halbkreis, an beiden Außenseiten erstreckten sich die Gehege der Ziegen und Schafe, alles umgeben von einem Zaun aus Dornenzweigen. Onkel Yusuf baute aus Steinen eine Feuerstelle. Mein Vater spritzte geweihtes Wasser in die vier Ecken des Hofes und lud die guten Geister ein, bei uns zu verweilen.

Ob Mahad wohlauf war? Ob er neue Freunde gefunden hatte?

Schreie gellten durch die Nacht, und bevor ich richtig wach war, stürzte mein Vater aus unserer Hütte. Im nächsten Augenblick drehte er um, riss meinen Bruder hoch in seine Arme, rannte wieder hinaus, meine Mutter hinterher, mich an der Hand. Onkel Yusuf stand schreckensbleich vor seiner Hütte, neben ihm seine Frauen, die Kinder pressten sich an ihre Mütter. «Fort», rief mein Vater. «Schnell fort!»

Ohne zu begreifen, was geschah, stolperte ich hinter meiner Mutter her. Sie hob mich hoch, hielt mir mit einer Hand den Mund zu und rannte in die Dunkelheit. Vor mir stolperte Nadifo. Ihr großer Bruder Said riss sie hoch. Alle liefen, als seien Löwen hinter uns her. Als wir eine Baumgruppe erreichten, knebelten die Erwachsenen uns und banden uns die Hände zusammen. Jemand steckte mich in einen ledernen Sack und schnürte ihn zu, sodass nur mein Kopf heraussah. Die Männer stiegen auf die Bäume. Jemand knüpfte mich hoch oben an einem Ast fest. Auch die Frauen kletterten auf die Bäume, hockten sich auf Äste, dicht an den Stamm gepresst. Mein Herz klopfte wild, mit weit aufgerissenen Augen starrte ich in die Nacht.

Irgendwo hörte ich Stimmen, wütende, tobende Stimmen.

Die Männer liefen wieder davon. Ich wollte nach meinem Vater rufen, wollte wissen, wohin er lief, wollte schreien, er solle bei uns bleiben. Doch aus meinem Mund drang nur ein Gurgeln. «Still, Fadumo», flüsterte meine Mutter. «Sei still, bei Allah!»

Vor Angst pinkelte ich in meinen ledernen Sack.

Das Geschrei kam näher. Ich sah Feuer und lodernde Fackeln. Niemand gab einen Laut von sich. Starr vor Schreck hockte meine Familie in den Bäumen. Mein Rücken schmerzte vor Angst, ein kalter, eiserner Schmerz. Ich hörte auf zu atmen.

Im Morgengrauen kehrten mein Vater und die anderen Männer zurück, sie hatten die Angreifer vertrieben. Mein Vater löste den Knebel in meinem Mund, und endlich begann ich zu weinen. Auch die anderen Kinder hatte man in Säcke gesteckt und an Ästen festgebunden, damit sie uns nicht verrieten, wenn sie vor Schreck in die Hosen machten. Mit zitternden Beinen standen wir vor den Bäu-

20

men, und ich starrte hinauf zu meiner Mutter, die versuchte, den Gurt des Sackes, in dem mein Bruder steckte, zu lösen.

Die Angreifer hatten keine Tiere geraubt, und die Frauen und Mädchen unserer Familie waren unversehrt. Aber Onkel Yusufs zweitältester Sohn war getötet worden. Die anderen Männer hatten sich retten können. Es geschah immer wieder, dass ein Stamm einen anderen angriff, und oft kamen die Angreifer im Schutz der Nacht. Einer meiner Cousins – er war seit Jahren tot – hatte, so erzählte man sich, an die vierhundert Männer des verfeindeten Hawiye-Stammes ermordet. Aus Rache überfielen uns die Hawiye-Krieger immer wieder. Es war ein endloses Gemetzel zwischen den Hawiye und den Daarood.

Am nächsten Tag verließen wir unseren Lagerplatz und zogen weiter. Den Tieren wurden Tücher um die Hufe gebunden, um ihre Spuren zu verwischen. Es dauerte viele Nächte, bis ich wieder ruhig schlafen konnte.

Am Morgen hatte unser Hirte die Kamele zu einem Fluss geführt, einen halben Tagesmarsch entfernt. Nun stand er meinem Vater gegenüber, schmächtig, mit schmutzigen Füßen, zerknirscht und angsterfüllt. Mein Vater schäumte. Seine Lieblingsstute hatte sich von der Herde entfernt und war seither verschwunden; obendrein war das Tier trächtig. Mein Vater schickte den Hirten fort und machte sich selbst auf die Suche. Mehrere Tage marschierte er zu Fuß durch die Steppe, las Spuren, befragte andere Nomaden, immer auf der Suche nach seinem Kamel. Schließlich kehrte er zurück.

Nie hatte ich meinen Vater so verzweifelt gesehen.

Die Wochen vergingen. Dann berichtete ein Nachbar, zwei Tagesmärsche von unserem Lagerplatz entfernt habe man die Spuren einer trächtigen Kamelstute gefunden. Aber ein Löwe sei ihr auf der Spur. Mein Vater nahm seinen Dolch und füllte eine Blechflasche mit Wasser. «Ich komme bald wieder», sagte er und machte sich auf den Weg.

Lange hörten wir nichts von ihm.

Bis zu jenem Nachmittag, als ich mit einsetzender Dämmerung vom Ziegenhüten zurückkehrte und einem Nachbarsjungen begegnete. Bile war so alt wie ich, doch ich war größer und hatte ihn schon mehrmals verhauen. Er lief in einigem Abstand neben mir her, und ich beachtete ihn nicht. Da rief er plötzlich: «Deinen Vater haben die Löwen gefressen.»

Wütend drehte ich mich um: «Mein Vater ist groß und stark. Kein Löwe würde es wagen, ihn anzugreifen. Aber dein Vater – der ist klein und hässlich, den werden bald die Löwen fressen!» Dann jagte ich hinter Bile her, um ihn zu verhauen.

Während des Heimwegs hatte ich Bauchweh. Als ich im Lager ankam, bot sich mir ein schrecklicher Anblick: Im Hof war der Sand vor den Hütten ganz rot. Reglos lag mein Vater auf einer Matte, sein rechter Arm stand in einem bizarren Winkel vom Körper ab, gehalten nur von ein paar Sehnen. Aus seinem Bauch quollen Blut und Innereien. Meine Mutter kniete am Boden, auch ihr Wickeltuch war voller Blut. Überall war Blut, Blut, Blut, dickes, rotes Blut.

Ein Heiler kam und verband die Wunden. Später zitierte ein heiliger Mann Verse aus dem Koran. Mein Vater sollte ohne Schmerzen von diesem Leben in ein anderes gelangen.

Doch mein Vater starb nicht.

Über Wochen lag er in unserer Hütte, starr und von den Schmerzen fast gelähmt. Seine Wunden faulten in der Hitze. Manchmal ließ das Fieber ihn bewusstlos werden. Meine Mutter schickte nach seinem ältesten Bruder, Onkel Yusuf, der mit seiner Herde unterwegs war; es dauerte drei Wochen, bis er uns erreichte. Gemeinsam mit meinem Bruder Jama hievte Onkel Yusuf meinen Vater auf ein Kamel, und sie machten sich auf den Weg in die nächste Stadt.

Monate vergingen, in denen wir ohne Nachricht blieben, nicht wussten, ob mein Vater lebte, ob man ihm in der Stadt hatte helfen können. Uns blieb nichts anderes übrig, als zu warten, bis einer meiner Brüder oder ein anderer Verwandter Neuigkeiten brachte. Wir hofften, es sei eine gute Nachricht, dass wir keine Nachrichten bekamen. Wäre mein Vater tot, wäre Onkel Yusuf sicher längst erschienen, um meine Mutter zu heiraten. Inzwischen zogen wir auf der Suche nach frischen Weiden weiter.

Nach über einem halben Jahr stieß mein Vater endlich wieder zu uns. In der Stadt, in die mein Bruder ihn gebracht hatte, waren sie auf chinesische Gastarbeiter gestoßen. Sie bauten dort Straßen und hatten mehrere Ärzte dabei, die sie in Notfällen versorgten. Einer von ihnen, ein Chirurg, hatte meinem Vater, ohne Betäubung, Gummibänder in den Ellenbogen eingesetzt, sodass sein Arm nach der Operation wieder Halt hatte und, wenn auch bedingt, zu bewegen war. Jeden Tag brachte meine Mutter meinem Vater

Kamelmilch und Heilkräuter, damit er wieder zu Kräften kam. Ich massierte seine Füße. Mein Vater hatte wunderschöne Füße. «Niemand in der Familie hat so zarte Hände wie du», lobte er.

Später erzählte mein Vater uns, was geschehen war: Er war den Spuren des Kamels gefolgt und hatte es am Morgen des übernächsten Tages in der Nähe eines Eukalyptusbaumes entdeckt, doch es stellte sich heraus, dass es nicht seine Stute war. Das Tier hatte gekalbt. Ein Löwe und eine Löwin umkreisten die Mutter und ihr Junges. Der Löwe zog sich schließlich zurück, doch die Löwin blieb angriffslustig. Mein Vater beschloss, sie zu töten und beide Kamele zu unserem Lagerplatz zu treiben. Er löste den Schal, den er zu einem Turban um seinen Kopf geschlungen hatte, um sich vor der Sonne zu schützen, und wickelte ihn fest um seinen Unterarm, vom Handgelenk bis hinauf zum Ellenbogen. Dann zog er seinen Dolch.

Die Löwin griff meinen Vater an, bevor er zustechen konnte. Mit ihren Pranken umklammerte sie ihn und riss ihm mit einer einzigen Bewegung an beiden Seiten den Leib auf. Sie grub ihre Zähne in seinen rechten Arm, zerfetzte das Fleisch und zertrümmerte die Knochen bis zum Ellenbogen.

Mich schauderte, als ich ihm zuhörte.

«Ich war so verzweifelt, dass ich der Löwin mit aller Kraft in die Nase biss. Da ließ sie von mir ab.» Schwer verletzt hatte mein Vater sich mit den Kamelen auf den Heimweg gemacht. Sie waren die Nacht hindurch gelaufen und den ganzen nächsten Tag, bis er unsere Hütte erreichte und zusammenbrach. Ich bewunderte ihn maßlos.

24

Er lachte. «Diese Löwin hatte einen widerwärtigen Mundgeruch.»

Trotz seiner Scherze begann sich mein Vater zu verändern. Sein Arm ließ sich kaum noch bewegen, das Gelenk war fast steif, er konnte keine Kamele mehr beladen, keine Wasserbehälter herstellen, keine Bäume fällen. Er konnte nicht mehr kämpfen. Er war kein Mann mehr. Man nannte ihn nun «den einarmigen Abdi», so wie man vom vieräugigen Onkel sprach, weil der eine Brille trug, also zwei eigene und zwei fremde Augen hatte. Jeder Makel führte bei uns unweigerlich zu einem Spitznamen.

Mein Vater zog sich zurück, wurde still.

Ein Nomade liebt seine Kamele. Ohne sie kann er in der Steppe nicht überleben. Der Verlust eines Kamels wiegt schwerer als der Verlust einer Tochter.

Die Kamelstuten geben uns Milch. Kamelmilch ist vitaminreich, nahrhaft und köstlich, und oft, wenn die Wasservorräte zur Neige gehen und die nächste Quelle noch Tagesmärsche entfernt ist, ist die Milch unserer Kamele unsere einzige Nahrung. Sie löscht den Durst, und sie macht satt. Männliche Kamele werden als Lasttiere gehalten, sie tragen unsere Hütten und unseren Besitz von einem Lagerplatz zum nächsten. Sie sind belastbar und leichter zu zähmen; Kamelstuten dagegen haben ein ausgezeichnetes Gedächtnis und sind sehr nachtragend und rachsüchtig, wenn man sie schlecht behandelt.

Die Männer kümmern sich um die Kamele; die Frauen um die Ziegen und Schafe. Mein Vater, meine Brüder und mein Cousin Said kannten jedes einzelne Tier unserer

Herde, seinen Charakter, seinen Körper, seine Eigenheiten. Kamele brauchen, selbst bei größter Hitze, nur alle paar Tage getränkt zu werden; sie können sogar einen ganzen Monat ohne Wasser auskommen. Doch die Wasserstellen sind oft weit voneinander entfernt, und während einer Dürreperiode muss man das Wasser an den wenigen Quellen, die es dann noch gibt, kaufen. Der Hirte steht Stunden an, und es kann passieren, dass es kein Wasser mehr gibt, wenn er endlich an der Reihe ist. Dann zieht er weiter, wochenlang. Er steigt auf Bäume und pflückt Leckereien für seine Tiere: die Hülsenfrüchte der Schirmakazien oder die Blätter der hohen Eukalyptusbäume. Ein Hirte tut alles, damit es seinen Kamelen gut geht.

Auch ich liebte unsere Kamele. Mein Vater besaß ein einäugiges Kamel, es war das älteste von allen, und er trennte sich niemals von ihm. Man musste sich dem Tier von vorne nähern, nie von der Seite, damit es nicht erschrak. Dann streckte es seinen Hals, ließ uns Kinder hinauflaufen, richtete sich auf und ließ uns auf seinen Rücken rutschen. Geduldig erlaubte es, dass wir uns zwischen seinen Hinterbeinen versteckten. Das Fell war verklebt vom herablaufenden Urin, doch der Geruch störte uns nicht. Das war eben die Natur. Wurde es dem halb blinden Tier doch zu unruhig, drückte es die Beine zusammen, einen Moment bekamen wir keine Luft mehr, dann ließ es uns los, und wir wussten, das Spiel war zu Ende. Ich lernte, Kamelspuren zu lesen. An den Spuren einer Herde sieht ein Nomade, ob die Kamele, die vorübergezogen sind, beladen waren, er erkennt, zu welchem Stamm, zu welchem Clan sie gehören, er kann anhand der Fußabdrücke einzelne Tiere benennen, er weiß, wie lange es her ist, dass die Herde vorbeizog, ob die Tiere müde waren. Nomaden sind mit Kamelen so vertraut wie mit ihren nächsten Verwandten.

An seinen Kamelen und an der Größe seiner Herde wird ein Nomade gemessen. Viele Kamele bedeuten Ansehen und Prestige. Verschenkt ein Somali ein Kamel, ist dies das größte Geschenk, das er machen kann.

Meine Cousine Nadifo trieb ihre Herde voraus. Sie war groß und schon beschnitten und durfte allein Vieh hüten gehen. Ich musste rennen, um mit ihr und den Ziegen Schritt zu halten. Meine Lieblingsziege hieß Langohr. Ich hatte sie als Zicklein unter einem Weihrauchstrauch gefunden, winzig und fast verhungert. «Lass mich das Tier erlösen», hatte meine Mutter gesagt, «es ist schwach und wird sterben.» Doch ich hatte darauf bestanden, es aufzupäppeln. Mit einem Löffel hatte ich ihm Milch eingeflößt, die ich einem Muttertier abgemolken hatte. Inzwischen lief Langohr fröhlich umher, folgte mir, als sei ich seine Mutter, leckte mein Gesicht und schnappte nach meinen Fingern, um daran zu saugen.

Wir liefen, bis wir eine Lichtung erreichten. In der Nähe war ein Brunnen, und im Sand hatte sich ein Teich gebildet. Wir ließen die Tiere in Ruhe saufen; es konnte Tage dauern, bis wir wieder Wasser fänden. Die Sonne stand schon hoch und warf keine Schatten mehr. «Setzen wir uns in den Schatten», sagte Nadifo.

Wir krochen unter eine Schirmakazie und legten uns dicht nebeneinander in den Sand. Ich spielte gern die Frau; Nadifo war lieber der Mann. Sie kicherte, dann verstellte

27

sie ihre Stimme und tat, als würde sie schnarchen. «Ich bin schwanger», rief ich plötzlich und sprang auf. Beide Hände in den Rücken gestützt, streckte ich meinen Bauch vor. «Es macht keinen Spaß, Familie zu spielen, wenn wir nur zu zweit sind», schmollte Nadifo. «Wir müssen mindestens fünf Mädchen sein.» Sie hatte Recht, doch ich wollte unser Spiel nicht beenden; ich spielte gern Mutter.

«Lass uns etwas schnitzen», schlug Nadifo vor und riss ein Stück Rinde vom Stamm der Akazie. Wehmütig rieb ich mir den Bauch; dann zog ich ihn wieder ein und gab nach. Nadifo stimmte ein Lied an. Sie konnte sehr schön singen. Wir sangen oft Lieder, für uns, aber auch für unsere Tiere. Lieder über den Regen, der bald kommen und die Dürre in blühende Wiesen verwandeln sollte. Lieder, die die Schönheit der Kamele priesen und die Frauen unseres Stammes mit ihnen verglichen. Ein größeres Kompliment konnte man einer Frau nicht machen: Der Hals einer Frau sollte lang sein wie der einer Kamelstute, ihr Haar voll wie sein Schweif, ihre Bewegungen grazil und elegant, ihr Gang wiegend, ihre Augen dunkel, geheimnisvoll. Wir sangen Lieder, die von der Liebe erzählten und von dem Leben, das wir eines Tages führen würden.

Ein Vogel kreischte. Einige Ziegen begannen, unruhig umherzulaufen. Nadifo sprang auf, ich griff nach meiner Weidenrute. Wir rannten in entgegengesetzte Richtungen, trieben die Tiere zusammen und zählten sie hastig. Ich sah mich um – hinter jedem Busch konnte ein Schakal lauern. Sie schlichen sich lautlos an und rissen ein Lamm, ohne eine Spur zu hinterlassen. Lief man ihnen schreiend entgegen, rannten sie davon, denn sie waren feige.

In der Ferne sah ich Nadifo winken.

Ich lief zu ihr und fand im Staub eine Ziege liegen, neben sich ein winziges Zicklein, das Fell ganz nass und verklebt. Nadifo kniete nieder. Die Ziege bäumte sich auf, Nadifo streichelte ihren Hals, die Ziege stieß einen Schrei aus. Aus ihrem Hinterteil ragte das Bein eines weiteren Zickleins. «Halt fest», rief Nadifo, rutschte am Bauch der Ziege entlang und schob das Bein in den Leib zurück. Ihre Hand verschwand darin, dann ihr Unterarm. Die Ziege meckerte. Die Herde zog sich zurück. Hastig wanderte mein Blick über Tiere, Büsche, Sträucher. Gleichzeitig drückte ich mit aller Kraft die Ziege zu Boden. Schon mehrmals, meist morgens beim Melken, hatte ich bei einer Geburt geholfen; immer wieder wollten die Jungen mit angewinkelten Beinen zuerst auf die Welt kommen, sodass man sie drehen und ihnen auf die Welt helfen musste.

Als endlich vier feuchte Zicklein neben ihrer Mutter lagen, rieb ich sie mit Blättern trocken und gab ihnen Namen. Dann biss ich jedem, blitzschnell, die Spitze des linken Ohres ab. Später würde ich links und rechts davon kleine Schlitze mit dem Messer machen. Das war das Zeichen; sie gehörten zu uns. Sie sollten so schön und zäh werden wie Nadifo oder so schlau und so stur wie ich!

Die Sonne stand schon tief, als wir uns auf den Heimweg machten. Langohr schnappte nach meinem Finger; ich liebkoste meine Ziege, dann schob ich sie beiseite. Die neugeborenen Zicklein konnten noch nicht weit laufen, also schlang ich mein Tuch zu einem Beutel und legte sie hinein. Auf dem Rücken, wie meine Mutter ihre Kinder, trug ich die jungen Ziegen nach Haus.

29

Ab und zu verschwand mein Vater. Das war nicht unüblich, wenngleich wir oft nicht wussten, wo er sich aufhielt. Manchmal ging er in die Stadt, verkaufte ein paar Schafe und Ziegen und kehrte mit Reis, Mais, Hirse und Stoffen zurück. Diesmal hatte er eine Frau mitgebracht.

Mein Vater bedeutete ihr, außerhalb unseres Hofes zu warten. Eingehüllt in ein rotes Tuch, einen dünnen schwarzroten Schal über ihr Haar gebreitet, hockte sie dort im Sand. Ihre Haut war sehr dunkel. Als meine Mutter die fremde Frau sah, konnte ich spüren, wie die Luft um uns herum kalt wurde. Mein Vater packte die Lebensmittel aus, die er mitgebracht hatte. Khadija, die zu Besuch war, öffnete einen der Säcke und ließ den Reis durch ihre Finger rinnen. Mein Vater lobte die Qualität, es sei besonders guter Reis. Dann zog er die Geschenke hervor, die er mitgebracht hatte; das tat er sonst nie. Er breitete Stoffe aus, bunte Tücher mit Blumenmustern, ein Paar Schuhe und Duftöle. Meine Mutter würdigte die Gaben keines Blickes. Die Hand in die Hüfte gestemmt, den Bauch vorgestreckt, denn sie war wieder schwanger, schritt sie an meinem Vater und seinen Geschenken vorbei.

«Komm her, Fadumo», sagte mein Vater nach einer Weile und winkte mich herbei. In der Hand hielt er ein blaues Tuch mit roten und gelben Blumen darauf. Unschlüssig sah ich von meinem Vater zu meiner Mutter und wieder zu meinem Vater. Ich hatte das Gefühl, einen Fehler zu machen, egal, was ich tat. Da stand mein Vater auf, ging auf mich zu und legte das Tuch über meine Schulter, drapierte es um meinen Körper. Es war wunderschön. Draußen, hinter dem Dornenzaun, saß die fremde Frau und sah zu.

Ich lief zu meiner Mutter.

Sie hackte Holz. Ihr dicker Bauch war ihr zwar im Weg, doch sie hielt nicht inne und hieb auf die Äste ein wie von Sinnen. Ab und zu bekam der Bauch eine Beule, und der Stoff ihres Wickeltuchs hob und senkte sich. «Warum bewegt sich dein Bauch, Mama?», fragte ich besorgt.

«Ich habe zu viel Mais gegessen», antwortete sie, ohne auch nur aufzusehen.

Später kochte meine Mutter Wasser und bereitete Maisbrei für das Abendessen. Vaters Geschenke lagen noch immer unangetastet auf einer Matte. Meine Familie ließ sich im Kreis im Sand nieder, einen großen Holzteller in der Mitte. Der Maisbrei dampfte appetitlich. Jeder grub dort, wo er saß, eine Mulde in den Brei und gab Milch und Zucker hinein. Nur mein Vater saß abseits und sah zu. Meine Mutter brachte ihm weder Maisbrei, noch bot sie ihm Wasser an. Ich war verwirrt, schaute zu Adan und Khadija und versuchte, in ihren Gesichtern zu lesen. Ich fühlte mich hin- und hergerissen. Sollte ich meinem Vater etwas zu essen bringen? Bekäme ich dann eine Ohrfeige von meiner Mutter?

Schweigend aß ich meinen Maisbrei.

Später am Abend begannen die Eltern laut zu streiten. «Nimm deine neue Frau und geh», rief meine Mutter. «Ich habe meine Söhne und meine Töchter, ich bleibe. Ich brauche dich nicht.»

Ich fürchtete mich. Onkel Yusuf und die anderen Männer hätten ihre Frauen sofort verprügelt, hätten sie etwas so Ungezogenes zu ihnen gesagt. Da erhob sich mein Vater von seinem Schemel. Ich hielt die Luft an, auch meine Geschwister erstarrten. Meine Mutter blickte meinem Vater direkt ins Gesicht, furchtlos, rasend, stumm. Mit jedem Schritt, den mein Vater machte, wirkte sein Körper mächtiger. Ein paar Zentimeter vor meiner Mutter blieb er stehen. Wie zwei ungleiche Kämpfer standen sie einander gegenüber. Sogar die Ziegen und Schafe gaben keinen Laut von sich. Dann wandte sich mein Vater abrupt um und sagte: «Ich werde mit den Kindern und meiner neuen Frau zu meiner Mutter ziehen.»

Die Männer reisen, und die Frauen hüten das Vieh und die Kinder. Das Verhältnis zwischen den Geschlechtern ist in Somalia klar definiert.

Ein Mann führt niemals niedere Arbeiten aus. Er umsorgt seine Kamele, tötet Löwen, überfällt feindliche Clans. Seine Frau kümmert sich um das Übrige. Männer nehmen sich wichtig, und die Frauen behandeln sie dementsprechend. Schon kleine Mädchen lernen, ihre Brüder und Väter und Onkel zu bedienen und zu respektieren. Ein Mädchen steht auf, wenn ein Mann kommt, denn vielleicht möchte er genau dort sitzen, wo du eben noch gehockt hast. Männer bekommen immer das beste Fleisch; Frauen essen die Reste. Männer haben einen eigenen Schlafplatz, während Frauen und Kinder sich eine Matte teilen.

Saß mein Vater mit anderen Männern beisammen, war ich stolz, wenn ich ihnen Tee oder Essen servieren durfte. Manchmal erlaubte er, dass ich mich zu ihm setzte, strich über mein Haar und nannte mich seinen Sonnenschein; für meinen Vater war ich etwas Besonderes. Dass die anderen Männer mich wegschicken wollten, ärgerte mich.

Mein Vater war ein ungewöhnlicher Mann, friedfertig, gerecht und respektvoll gegenüber seinen Töchtern und Frauen – und das in einem Land, das von Männlichkeit, Herrschsucht und Gewalt geprägt ist. Er erwartete, dass jedes Familienmitglied seine Aufgaben erfüllte, doch er war nachsichtiger, zärtlicher und liebevoller gegenüber uns Kindern als meine Mutter, der vor lauter Arbeit keine Zeit für Zärtlichkeiten blieb.

In Somalia genießen Männer alle Freiheiten. Sie gehen in die Stadt, reisen, sie nehmen sich mehrere Frauen. Manche haben mehrere Familien an verschiedenen Orten, leben einige Monate mit der ersten Frau und den gemeinsamen Kindern, dann eine Zeit lang mit der Zweit- oder Drittfrau und deren Kindern. Wenn die erste Frau mehrere Söhne geboren hat, hat die zweite Frau einen schweren Stand. Doch ein Mann kann einer Frau jederzeit die Kinder wegnehmen; dann ist sie allein und mittellos.

Die Welt in Somalia steht nur den Männern offen.

Langohr leckte meine Hand. Ich kraulte das Fell zwischen ihren Ohren, gab ihr einen Kuss und sagte ihr liebevoll, dass sie stank, aber wunderschön war. Dann öffnete ich das Gatter und schlüpfte aus dem Gehege. Die Herde war satt und zufrieden; man sah es den Tieren an, dass ich meine Arbeit gut gemacht hatte.

Im Schatten eines Buschs kniete mein Vater, nach Osten gewandt, und betete. Im Hof saß Magalo, seine neue Frau. Neben ihr, auf einem Stein, stand eine Schale, im Feuer kochte Wasser in einem Topf. Im Vorbeigehen lugte ich hinein. Magalo sah auf. Ich sprach kein Wort.

Stattdessen ging ich zu meiner Mutter, die mit Onkel Yusufs zweiter Frau Maryan vor deren Hütte hockte und ihren kleinen Töchtern die Haare flocht. Ich wollte mich in Mutters Schoß kuscheln, doch sie schob mich zur Seite. Meine Cousine Anisa weinte, weil meine Mutter Zecken in ihrem Zopf entdeckt hatte. Mit geübtem Griff löste meine Mutter die Zecken und warf sie ins Feuer, wo sie mit dumpfem Knall explodierten. Amal, die zwei Jahre älter war, lachte ihre Schwester aus, weil sie so dumm gewesen war, sich Zecken zu holen. Anisa schlug mit der Hand nach ihr, doch Amal war schneller, sprang zur Seite und hüpfte vor ihrer Schwester im Sand auf und nieder. «Du schmutziges kleines Ding», rief sie und lachte. «Mit dir spiele ich nicht, du bist unrein.» Tante Maryan schimpfte, und Amal hielt den Mund. Seit sie beschnitten war, gab sie an, sie benahm sich, als sei sie längst eine erwachsene Frau. Tante Timiro mahlte Getreide, und das rhythmische Stampfen des Mörsers mischte sich mit den Stimmen der Kinder, unserem Gelächter und dem Gesang.

Niemand beachtete Magalo.

Die zweite Frau meines Vaters stand auf und ging zu dem Wasserbehälter zwischen unserer Hütte und der, die mein Vater unmittelbar daneben für sie errichtet hatte. Sie bewegte sich schwerfällig, denn sie war jetzt schwanger. Tante Maryan ölte Anisas Zöpfe, meine Mutter verschwand in unserer Hütte. Ich stand auf, ging wie beiläufig zur Feuerstelle und warf eine Hand voll Sand in den Topf mit dem kochenden Reis.

Wenige Tage später bat Magalo meine Mutter, ihr zu erklären, wie man die Nudeln zubereitete, die mein Vater aus

34

der Stadt mitgebracht hatte. «Wirf sie ins kochende Wasser und rühre», sagte meine Mutter. «Hör auf keinen Fall auf zu rühren.» Dabei sah sie nicht einmal von ihrer Arbeit auf. Als Magalo die Spaghetti schließlich auf den großen Holzteller füllte, rann ein sämiger, leicht bröckeliger Brei aus dem Topf.

«Ihhh», schrie Adan.

«Das esse ich nicht», erklärte Onkel Yusufs erste Frau. Amal griff nach dem Brei, brach ein Stück heraus, hielt es in die Luft und kicherte. Meine Mutter biss ungerührt in ein Stück Lammfleisch.

Ich erzählte herum, die neue Frau meines Vaters habe versucht, meinen Bruder zu vergiften.

Natürlich stellte ich mich taub, wenn Magalo mit mir sprach. Ich ignorierte ihre Befehle, denn ich duldete niemanden neben meiner Mutter und zeigte das auch deutlich.

Meine Mutter hätte mich für meinen Ungehorsam bestrafen müssen, aber sie tat, als sei nichts geschehen. Alle behandelten die Konkurrentin meiner Mutter wie Luft. Eine härtere Strafe konnte es nicht geben. Doch meine Mutter schnitt auch meinen Vater. Wann immer er mit ihr sprach, war es, als spräche er mit einem Baum. Nur manchmal stritten sie, laut und heftig. Mein Vater zog sich dann zurück, verbrachte Stunden im Schatten eines Baumes, Tabak kauend und schweigend. Manchmal hackte er Äste, so gut er es mit seinem lahmen Arm konnte, und baute Schemel.

Schließlich bestimmte er, dass wir umziehen würden. Wieder bauten die Frauen die Hütten ab, die Männer holten die Kamele, die Jungen halfen beim Beladen, die Mädchen hielten die Ziegen und Schafe zusammen. Diesmal zogen wir quer durch Somalia, vom Ogaden im Grenzgebiet zu Äthiopien bis hinauf in den Norden, wo die Familie meines Vaters lebte. Die Reise war beschwerlich. Wie ein Tuch legte sich die Hitze über Menschen und Tiere, ließ sie schwitzen und dann langsam ausdörren. Meine Mutter wurde von Tag zu Tag schwächer, doch sie ließ sich nichts anmerken. Ab und zu steckte ich ihr Beeren oder Wurzeln zu, die ich unter Büschen gefunden hatte.

Je weiter wir nach Norden kamen, desto hügeliger wurde die Landschaft. Hochplateaus lösten die flache Steppe ab. Irgendwann erreichten wir den ersten Ausläufer des Gebirges. Die Männer trieben die Kamele zusammen. Onkel Yusuf befahl, eine Pause zu machen. Die Frauen gossen Wasser in Schalen und gaben allen zu trinken.

Kurze Zeit später begann der Aufstieg.

In einem langen Zug marschierten die Kamele den Pass hinauf, über schmale Pfade und spitze Steine, immer ihrem Leittier hinterher. Jama und Said hatten sie aneinander gebunden, Stricke am Schweif eines Tieres befestigt und das andere Ende am Halfter des folgenden Tieres festgeknüpft. Nadifo und ich rannten umher, um die Ziegen einzufangen, die aus der Herde ausgebrochen waren. Unsere Füße bluteten. Je höher wir stiegen, desto steiler fielen die Schluchten ab, erhoben sich Felsmassen, willkürlich aufeinander geschichtet von riesiger Hand. Ich war so überwältigt von dem Anblick und gleichzeitig so damit beschäftigt, die Ziegen vorwärts zu treiben, dass ich erschrak, als ich laute Schreie hörte.

Eine Kamelstute war in die Schlucht gestürzt!

Eingeklemmt zwischen zwei Felsvorsprüngen lag das Tier,

ein Bein eng an den Bauch gedrückt, das andere hinter den Rücken gequetscht, sein Schädel blutüberströmt. Überall lagen Matten und Töpfe und Kochlöffel und Wasserbehälter herum. Energisch versuchten mein Vater und Onkel Yusufs Söhne die anderen Tiere an der Absturzstelle vorbeizutreiben, doch sie sträubten sich, scheuten, taten keinen Schritt vor und keinen zurück. Rufe hallten zwischen den Felsen wider, aufgeregte Stimmen und immer wieder die Schreie des verletzten Kamels. Die Frauen begannen, der Herde die Augen zu verbinden, um sie blind an der Unglücksstelle vorbeizuführen. Said, Jama und Onkel Yusuf kletterten den Abhang hinunter, um das Kamel notzuschlachten und von unserem Hausrat zu retten, was zu retten war. Abends am Feuer sah ich, dass Onkel Yusuf Tränen in den Augen hatte. Auch mein Vater und Said waren sehr schweigsam.

Nach Wochen erreichten wir einen Fluss. Wie ein schmales Tuch schlängelte er sich durch die Landschaft. Das Wasser kräuselte sich, schwappte, plätscherte, leckte an den Flechten, die direkt am Ufer wuchsen. Noch nie hatte ich so viel Wasser auf einmal gesehen. Ich lief hinab zum Ufer. Hinter mir hörte ich meine Mutter rufen, sie rannte hinter mir her, winkte aufgeregt und rief: «Gib Acht auf die Krokodile.»

«Was ist ein Krokodil?», fragte ich.

Bald wurden die Lasten abgeladen, und Jama und Said führten die Kamele zum Ufer und ließen sie saufen. Nadifo und ich trieben die Ziegen und Schafe ein Stück weiter oben an den Fluss. Ich hörte den Geräuschen ihrer Mäuler zu, dem gierigen Schlürfen ihrer Zungen und Lippen. Wieder und wieder kniete ich selbst am Ufer nieder, schöpfte

37

Wasser mit beiden Händen, ließ es über meinen Körper
rinnen, meinen Hals, meine Arme, mein Gesicht. Es war
kühl und frisch und duftete. Ich schöpfte und schöpfte,
und es nahm kein Ende, ich trank und trank und versuchte, so viel Wasser zu trinken, dass ich nie wieder Durst bekäme. Nie wieder wollte ich spüren, wie meine Lippen vor
Trockenheit spröde wurden, mein Hals kratzte, die Zunge
behäbig wurde, das Schlucken schwer fiel. Ich trank, bis
mein Bauch voll Wasser war und ich ächzend auf den weichen Boden sank. Noch durch mein Tuch hindurch spürte
ich die kühle Feuchtigkeit der Erde.

Auch die Tiere waren satt und zufrieden, als sie ihre Mä-
gen gefüllt hatten, und wir Kinder durften spielen. Said
brachte mir bei, auf Händen zu laufen. Er ließ mich Pur-
zelbäume schlagen und auf seinen Beinen herumturnen. Im
weißen Sand am Ufer des Flusses bauten wir kleine Hütten,
legten Höfe an, Lagerplätze, formten Gefäße aus Lehm und
füllten sie mit Wasser. Wir stritten, wer den schönsten Hof
gebaut hatte. Wir balgten, jeder setzte sich in Szene und
gab an: Mein Vater hat die prächtigsten Kamele, meine
Brüder sind die Größten! Wir warfen uns in den Matsch
und planschten, wie wir es an keinem Tümpel je zuvor getan hatten. Ich massierte meine Füße, tauchte sie ins Wasser, ließ es Blasen und Wunden kühlen und war glücklich,
nicht mehr laufen zu müssen. Mit Nadifo und meinen anderen Cousinen spielte ich Familie. Mal war ich der Mann
und verprügelte meine Frau, dann war ich die Frau, und
der Wind blies mir ein Baby in den Bauch. Ich nieste dreimal, und es war geboren.

Die Männer begannen, ein Floß zu bauen. Sie schlugen

Äste von umstehenden Bäumen und banden sie mit Sisalseilen aneinander. Als das Floß fertig war, etwa einen Meter breit und kaum länger, ließ Jama es zu Wasser. Wieder verband man den Kamelen die Augen, denn die Tiere waren störrisch und brüllten, sobald die Männer versuchten, sie auf das Floß zu führen. Die schwankenden Bewegungen machten ihnen Angst, sie scheuten und bockten. Mit Ruten und Lockrufen, mit Schreien und sanftem Streicheln hievten die Männer schließlich ein Tier nach dem anderen auf das Floß. Sie sangen Lieder, um die Kamele zu beruhigen. Jama sang, als er seine Lieblingsstute führte: *Solange ich lebe, noch nicht unter der Erde bin, werde ich deine Schönheit preisen ...*

Es vergingen Tage, bis die Herde endlich verschifft war. Tage, in denen ich beinahe frei war von allen Pflichten, in denen ich spielte, den Ziegen zusah und den Kamelen, wie sie zufrieden im Sand saßen und mit ihren langen Unterkiefern Blätter kauten, von links zur Mitte, von der Mitte nach rechts, von rechts zur Mitte, von der Mitte nach links, malmende, immergleiche Bewegungen, die auch mich wohlig müde werden ließen.

Die Tiere blieben oberhalb des Ortes an einer Biegung des Flusses zurück, und mit ihnen Said und ein Kameljunge. Wir anderen zogen weiter, in ein nahes Dorf.

Ich hatte in meinem Leben noch nie zuvor ein Dorf gesehen.

Wir erreichten eine Ansammlung von Höfen. Sie glichen denen, die wir in der Steppe errichteten, allerdings hatten die Menschen ihre Hütten hier nicht aus Weidenstangen und Matten errichtet, sondern aus Stein. Mein ältester Bruder Ahmed hatte einmal davon erzählt, als er aus der Stadt zu Besuch gekommen war. Er hatte auch berichtet, dass es Tiere aus Metall gebe; sie fraßen und schliefen nicht, dafür stanken und brüllten sie und hatten runde Beine. Man nannte sie Autos. Ich hatte ihm kein Wort geglaubt.

Neugierig ging ich auf eine Steinhütte zu. Die Tür stand offen, also trat ich ein. Drinnen war es dunkel, und plötzlich konnte ich den Wind nicht mehr hören. Ich erschrak und rannte hinaus. Ein Geräusch ließ mich zusammenfahren, ein schrilles Jaulen. Etwas schoss auf mich zu, dann ein Quietschen, mir blieb beinahe das Herz stehen. Adan riss mich zur Seite, ich stolperte, fiel, und ein stinkendes Metalltier raste an uns vorbei. Mein Rücken tat weh vor Angst. Meine Beine gehorchten nicht, meine Füße waren lahm, starr stand ich dort und sah dem Auto hinterher. Ahmed hatte also nicht gelogen.

Das Leben in einem Dorf war gefährlich.

Mein Vater führte uns Kinder zum Hof einer entfernten Tante. Auch sie lebte in einer der steinernen Hütten, umgeben von einer steinernen Mauer. Was mich faszinierte, waren die bunten Glassteine, die oben auf dem Rand eingelassen waren. Ab und zu hatte ich in der Steppe Glasscherben gefunden und sie gehütet wie einen Schatz. Sie waren nicht nur wunderschön, sondern man konnte sie auch zu vielem gebrauchen. Sie schnitten, wenn man kein Messer hatte, sie ließen Feuer entstehen, wenn man keine Streichhölzer hatte, sie tauchten die Landschaft in geheimnisvolle Farben, wenn man sie vor die Augen hielt. Ich wollte die hübschen Glassteine anfassen und kletterte die Mauer hoch. Oben angekommen, hatte ich mir im Nu die Hände aufgeschnitten.

Die Dorfkinder lachten.

Sie lachten auch, als die Tante mir eine Banane anbot. Da ich nie zuvor eine Banane gegessen hatte, biss ich hinein, ohne die Schale zu entfernen, und spuckte den Bissen sofort wieder aus. Sie lachten, als ich mich weigerte, das Plumpsklo zu benutzen. In der Steppe verschwand man hinter einem Busch, und nun sollte ich mich über ein stinkendes, glitschiges Loch in einem dunklen Bretterverschlag hocken? Die Dorfkinder besaßen Spielsachen, die ich nie zuvor gesehen hatte. Sie aßen ihr Gemüse mit Soße. Sie taten, als seien dies alles unwahrscheinlich bedeutungsvolle Dinge, von denen ich keine Ahnung hatte.

Alles war anders, als ich es kannte. Alles, was ich tat, war falsch. Ich war froh, als mein Vater uns wieder abholte.

Da ich meine Großmutter nie zuvor gesehen hatte und alle Kinder, die ich kannte, Großmütter hatten, brannte ich darauf, meine endlich kennen zu lernen. Ich traf eine missmutige Frau, die vor sich hin grummelnd durch den Hof lief, wobei ich kein Wort verstand, denn sie sprach einen fremden Dialekt. Umgekehrt verstand auch sie kein Wort, wenn ich etwas sagte. Sie war klein, zusammengeschrumpelt wie eine Beere in der Sonne und trug ein Wickeltuch, das schmutzig war, was sie offenbar kein bisschen störte. Als ich sicher war, dass niemand es hören konnte, fragte ich meine Mutter, warum diese Oma an der linken Hand keinen Zeigefinger hatte. «Sie hat ihn abgehackt, weil sie einem alten Mann versprochen war, den sie nicht heiraten wollte. Mit einer verstümmelten Hand ist eine Frau wert-

41

los. Der alte Mann hat auf sie verzichtet. Später hat Oma
dann Opa geheiratet. Dem war es egal, wie viele Finger seine Frau hatte.»

Fasziniert und schaudernd starrte ich auf meine Hand.

Meine Großmutter machte kein Hehl daraus, dass sie
meine Mutter verachtete. Immer wieder betonte sie, ihr
Sohn hätte etwas Besseres verdient. Als die Hütten bezo-
gen werden sollten, brachen die schwelenden Konflikte
offen aus. Wessen Hütte an welcher Stelle im Hof stand,
wurde nach der Rangfolge in der Familie geregelt. Meiner
Großmutter stand also die Hütte in der Mitte zu, die Nach-
barhütte sollte das Zuhause meiner Mutter werden. Doch
mein Vater bestand darauf, dass seine neue Frau dort ein-
zog. Ohne ein Wort zu sagen, führte meine Mutter ihr Kamel vor die Hütte und lud ihre Matten ab und ihren Koffer,
in dem sie ihre Tücher und Duftöle und ihren Schmuck
aufbewahrte. Mein Vater redete auf sie ein. Meine Mutter
ignorierte ihn. Die Sonne brannte, und unter meinem Tuch
spürte ich, wie der Schweiß meine Wirbelsäule hinabrann.
Plötzlich tat mein Vater etwas, was er nie zuvor getan hatte.
Er gab meiner Mutter eine Ohrfeige.

Meine Mutter taumelte, stürzte, fiel auf die Knie, hielt
sich den Bauch. Ich schrie. Jama stürzte herbei, Adan,
Khadija. Wir halfen unserer Mutter aufzustehen. Vaters
zweite Frau hielt sich die Hand vor den Mund, doch es
gelang ihr nicht, ihr Lachen zu verbergen. Von allen Seiten
stürzten Nachbarn in den Hof, Onkel Yusuf kam angelaufen, seine Söhne, seine erste Frau, seine zweite Frau, meine Cousine Nadifo. Es herrschte großer Tumult. Wütend
schlug ich nach meinem Vater, Khadija biss ihn in den Rü-

cken. Stimmen überschlugen sich, jemand weinte. Mehrere Männer hielten meinen Vater fest und banden ihn an einen Baum. Einer der Männer lief fort und kam kurz darauf mit einem Ast zurück. An dem Ast klebte ein Ameisenstamm.

Die ganze Nacht hindurch hörte ich meinen Vater stöhnen. Auch am folgenden Morgen befreite ihn niemand. Anfangs fand ich das gerecht; später bekam ich Mitleid und brachte ihm heimlich Wasser, wobei ich Zweige hinter mir herzog, um meine Spuren zu verwischen. Ich hatte ein schlechtes Gewissen, weil ich mich gegen meinen Vater gewandt hatte; als Kinder hatten wir die Autorität der Eltern zu akzeptieren. Andererseits war mir seine Ohrfeige wie ein Zeichen zum Angriff erschienen. Es war ungewöhnlich, dass sich so viele Erwachsene in den Streit eingemischt hatten, doch meine Mutter war eine angesehene Frau. Sie hatte mehrere Söhne geboren und großgezogen, sie hatte meinen Vater gepflegt, sie galt als gerecht und half immer. Alle, abgesehen von meiner Großmutter, mochten sie.

Mein Vater entschuldigte sich schließlich bei meiner Mutter und schenkte ihr ein Kamel. Wenige Tage später brachte meine Mutter meinen Bruder Mohamed zur Welt. Vaters zweite Frau gebar ebenfalls einen Jungen. Bald darauf verschwand sie jedoch, und wir sahen sie nie wieder. Auch meine Familie verließ den Hof meiner Großmutter. Wir zogen zurück in die Steppe, aus der wir gekommen waren.

Nach der Geburt eines Kindes wird eine Nomadenfrau gepflegt. Vierzig Tage verlässt sie ihre Hütte nicht, ihre Schwestern, Schwägerinnen, Cousinen und Nachbarinnen bringen ihr Essen und Getränke, versorgen sie mit allem, was es gibt. Dies ist die einzige Zeit, in der sich eine Nomadenfrau von ihrem harten Leben erholen kann.

Sind diese vierzig Tage vergangen, werden dem Baby die Haare geschoren, es bekommt einen Namen und gehört von nun an zur Familie. Kinder gelten in Somalia als Geschenk Gottes. Ist das Kind, vor allem das erstgeborene, ein Junge, ist die Freude maßlos, alle jubeln und rufen: Welch ein Glück, meinem Bruder (oder Sohn oder Cousin) wurde ein Sohn geboren! Je mehr Söhne, desto größer das Ansehen eines Vaters und einer Mutter; auch ich war ein angesehenes Mädchen, denn ich hatte vier Brüder.

Ist das Neugeborene ein Mädchen, hat die Familie bald eine weitere Arbeitskraft. Ich war kaum größer als eine Ziege, als ich zum Hüten geschickt wurde. Ich lernte Seile, Körbe und Gefäße herzustellen und Matten zu flechten, auf denen wir schliefen und aus denen wir unsere Hütten bauten, ich lernte Mehl herzustellen und Butter, ich lernte zu melken. Spätestens wenn es sieben Jahre alt wird, kann ein Nomadenmädchen einen gesamten Haushalt führen. Sobald es beschnitten ist, darf es auch Ziegen schlachten oder dem Vater das Wasser für die rituelle Reinigung vor dem Beten bringen.

Meine Mutter war ständig schwanger. Sie hatte mehrere Fehlgeburten, und nicht alle ihre Babys überlebten. Stirbt ein Kind, betrachten die Somalis seinen Tod, wie alles im Leben, als Gottes Wille.

Der Lehrer trug ein weißes Gewand, sein Haar war in der Mitte gescheitelt, und der Bart reichte ihm bis auf die Brust.

Heute war er schlechter Laune, darum ließ er uns in der Sonne schwitzen, während er selbst im Schneidersitz unter einem Baum saß. Aus einem Behälter goss er Wasser in eine Schale. Andächtig hielt er die Schale in seinen Händen, betrachtete sie, murmelte einige Worte, dann setzte er sie an seine wulstigen Lippen, trank einen Schluck und reichte sie weiter an den ältesten Jungen.

Mit diesem Ritual begann morgens unser Unterricht.

Die Koranschule war die einzige Schule, die es weit und breit gab, und mein Vater hatte beschlossen, dass Adan am Unterricht teilnehmen sollte. Ich bat und bettelte, ich wollte unbedingt auch zur Schule gehen. «Du bist sehr neugierig», entschied meine Mutter «also begleite deinen Bruder.» In der kommenden Woche, als der Lehrer wieder kam, lief ich einfach hinter Adan her. Nadifo hütete unterdessen meine Ziegen.

Alle Schüler brachten kleine Holztafeln mit, die in der Sonne glänzten, so blank war das Holz poliert. Meine Tafel hatte mein Vater geschnitzt; sie war klein und leicht, genau wie ich. Der Lehrer gab zerriebene Kohle in seine Schale und verrührte sie mit Ziegenmilch. Je länger er rührte, desto zäher wurde die Paste. Als sie endlich die richtige Konsistenz hatte, tauchte er ein fingerdickes Hölzchen in den Brei und begann, Schnörkel zu malen, von links nach rechts, in fließenden Bewegungen. «Das ist ein Buchstabe», sagte der Lehrer und hielt die Tafel hoch. Ich sah eine geschwungene Linie mit mehreren Punkten darüber, die sich quer über das Holz zog. «Buchstaben fügen sich zu Wörtern, Wörter zu Sätzen und Sätze zu Texten. Die Suren im Koran sind Texte, und damit ihr das Heilige Buch später lesen könnt, werdet ihr schreiben lernen.» Ich begriff nicht, wovon er sprach; ich hatte noch nie ein Buch gesehen. Geschichten wurden erzählt, niemand musste lesen oder schreiben können, um sie zu kennen und weiterzugeben.

Mit der linken Hand, so, wie man es mir gezeigt hatte, hielt ich meine Tafel und begann mit der Rechten mit meinem Hölzchen den Buchstaben nachzuzeichnen. Meine Bewegungen waren ungelenk, und die Kohlepaste trocknete schneller, als ich den Buchstaben schreiben konnte. Neben mir machte sich ein Junge über mich lustig. Der Lehrer zog ihn am Ohr. Der Junge begann zu weinen. «Leck deine Tafel ab», schimpfte der Lehrer und baute sich vor dem Kleinen auf. «Leck sie sauber und schluck alles hinunter, damit du keine bösen Gedanken mehr in dir hast.»

Wir Kinder mochten den Lehrer nicht. Wir entdeckten, dass er, wenn er sprach, kleine Spucketropfen absonderte. Wie glitzernde Perlen schossen sie durch die Luft, man sah es genau, wenn man in einem bestimmten Winkel saß. Zunächst faszinierte es mich. Dann begriff ich, dass diese Spucketropfen auch in dem heiligen Wasser landeten, das er uns jeden Morgen zu trinken gab. Beim nächsten Mal weigerte ich mich, aus der Schale zu trinken. «Du unseliges Kind trinkst jetzt dieses Wasser», rief der Lehrer, empört über meine Aufsässigkeit.

«Nein.»

«Du trinkst», schrie er. Sein Stock traf meinen Schenkel.

«Nein! Du hast ins Wasser gespuckt, das ekelt mich.» Ein zweiter Hieb brannte auf meinem Arm.

Ich nahm meine Tafel und schlug zurück.

Der Rohrstock sauste durch die Luft, traf mich am Arm,

46

am Kopf, am Rücken, ich stolperte über die anderen Kinder, lief, floh. Hinter mir hörte ich den Lehrer rufen: «Ich will dich nie wieder in meiner Schule sehen!»

Zu Hause schimpfte meine Mutter: «Du bist ungehorsam, du bringst Schande über mich. Ich werde in der Hölle enden, weil ich so eine ungezogene Tochter habe!» Ich weinte vor Schuldbewusstsein und vor Wut. Was hatte ich Böses getan?

Ich nahm meine Sandalen, eine Schale und eine Matte und band alles in ein Tuch. «Ihr seid böse, ich verlasse euch!» Wütend warf ich das Bündel über meine Schulter und ging zum Tor. Meine Mutter sah mich an. Plötzlich begann sie zu lachen. «Das traue ich dir sogar zu.»

«Ich gehe zu Mahad», rief ich. Seine Mutter war immerhin meine Tante.

«Weißt du denn, wo sie wohnen?»

Das wusste ich nicht. «Das finde ich heraus», rief ich und stapfte los.

Ich lief nicht weit, und als ich nach Hause zurückkehrte, ärgerte es mich, dass man als Mädchen immer gehorchen musste.

Tausende Stiche wie von feinen Stacheln, an den Füßen, den Beinen, Armen, an Rücken und Bauch, am Kopf, im Kopf, ja, das waren die schlimmsten, die Stiche im Kopf. Sie hörten nie auf, am Tag nicht und nicht in der Nacht. Ich betete, der Schlaf möge mich erlösen, doch Allah hörte meine Gebete nicht. Am Morgen, wenn meine Mutter drei oder vier Löffel Wasser mit etwas Milch vermischte und uns zu trinken gab, ließen die Stiche nach. Kaum hatte der

Körper die Flüssigkeit aufgesogen, setzten die Schmerzen umso stärker wieder ein. Meine Augäpfel brannten, und jede Bewegung schmerzte. Doch da war dieser Fluss. Ich sah Wasser, unendlich viel Wasser, roch seine Frische, spürte die kühle Luft, ich ließ das Wasser über meine Hände rinnen, durch meine Finger hindurchfließen, ich schöpfte mit beiden Händen aus den Fluten, führte sie gierig an meinen Mund.

Ich erwachte. Sand klebte an meinen Lippen. Auf meiner Zunge, an meinem Gaumen. Sand überall, ich starrte auf meine Finger, meine Hände, sie krallten sich in den heißen Sand. Die Grenze zwischen Traum und Wirklichkeit löste sich auf. Ich wischte über meinen Mund. Hustete. Spuckte.

Ich hatte Durst. Seit Wochen hatte ich unendlichen Durst.

Mein Bruder Mohamed lag unter einem Baum. Seine kleine Brust hob und senkte sich, kaum noch spürbar, er war ohne Bewusstsein. Meine Mutter sah ihn an, erstarrt, mit übergroßen Augen in ihrem ausgemergelten Schädel. Sie war unfähig, ihr Baby zu stillen. Also vergrub sie ihn bis zum Hals in der Erde und hoffte, das Austrocknen so hinauszuzögern.

Es war die schwerste Trockenheit seit langem. Überall roch es nach Verwesung, Ziegen, Schafe, Kühe verreckten in ihren Gehegen, die Kamele waren nur noch Haut und Knochen. Mein Vater suchte Wasser. Er war schon seit Tagen unterwegs. Auch ich war mit den Frauen Wasser holen gegangen, doch sie liefen so schnell, und ich war bereits zu schwach, zu schmächtig, fingerdünn, und jedes Mal mussten wir weiter laufen, noch weiter. Wer einen Brunnen besaß, verkaufte längst kein Wasser mehr an Fremde eines anderen Clans. Zu lange dauerte die Trockenheit schon, und niemand wusste, wann sie zu Ende sein würde. Es brachen Streitereien aus, Kämpfe um das kostbare Wasser.

Meine Zunge war dick und schwer, ein pelziges fremdes Tier, das meinen Mund ausfüllte und mir die Luft nahm.

Wir lagen im Halbschatten eines Baumes.

Warteten.

Vertrockneten.

Der Mann hatte zwei Kühe mitgebracht, Reis und Mehl und Kaffee und Zucker. Öle für meine Mutter. Tücher für Khadija. Sandalen für mich. Onkel Yusufs erste Frau schlachtete ein Schaf. Meine Mutter und Onkel Yusufs zweite Frau bereiteten das Abendessen, stampften Mais, sammelten Nüsse. Die Männer saßen unter einer Akazie, rauchten, tranken Tee und palaverten. Ich fragte meine Mutter, warum ich nicht zu ihnen durfte. «Sie besprechen wichtige Dinge», antwortete sie. «Außerdem bist du ein Mädchen.»

Ich lief zu Khadija. Meine Schwester saß in unserer Hütte, auf ihren Knien lange schmale Gräser. Sie flocht sie zu einem dichten Gewebe und formte eine Schale daraus. Später würde sie Kräuter hineingeben und sie mit glühender Kohle in das Flechtwerk reiben, um die Schale zu versiegeln. Wenn meine Mutter später Milch in die Schale füllte, würde man das Aroma der Kräuter hindurchschmecken. Khadijas Bewegungen waren abrupt und heftig. Ich fragte, warum sie wütend war. Sie schickte mich fort. «Du bist zu klein, um das zu verstehen.»

«Ich werde bald beschnitten», entgegnete ich. «Dann bin ich erwachsen wie du.» Meine Schwester musterte mich, als sähe sie mich zum ersten Mal. Ich rechnete nicht mehr mit einer Antwort, als Khadija die halb fertige Schale in die Ecke warf und rief: «Niemals werde ich so einen alten Mann heiraten!»

Atemlos fragte ich: «Du wirst heiraten?»

«Nein! Eher werfe ich mich den Löwen zum Fraß vor.»

Mich schauderte. Ich bestürmte meine Schwester, mir alles zu erzählen, doch Khadija war so wütend, dass ich um jedes Wort betteln musste. Es dauerte eine Weile, bis mir klar wurde, dass Onkel Mohamed beschlossen hatte, meine Schwester zu verheiraten. Unser Vater hatte zugestimmt. Ich platzte beinahe vor Aufregung und lief hinaus. Ich verstand nicht, warum Khadija nicht heiraten wollte. Alle Mädchen träumten davon, und man bekam sehr viele Geschenke. Noch immer saßen die Männer unter der Akazie. Sie tranken Tee und verhandelten. Aus ihren Mundwinkeln rann der Saft des Kautabaks. Aus einiger Entfernung beobachtete ich den fremden Mann. Er war wirklich alt, älter als mein Vater, ein Opa. Außerdem hinkte er, das hatte ich schon bei seiner Ankunft gesehen. Wir Kinder hatten ihn nachgeäfft. Eine Kriegsverletzung, erklärte Adan, doch ich wusste nicht, ob er die Wahrheit sagte und woher er das wusste.

Ich lief zu meiner Mutter und fragte, ob ich den Männern frischen Tee bringen dürfe. Sie sah mich an. «Du bist neugierig, Fadumo», sagte sie. «Und frech! Du weißt, dass du die Männer nicht stören sollst.»

Ich verzog mich hinter einen Weihrauchbusch. Nach einer Weile stand der alte Mann auf. Steif und ungelenk folgte sein verletztes Bein seinen Bewegungen, so, als gehöre es gar nicht zu ihm. Kaum hatte der Besuch sich entfernt, lief ich hinüber zu meinem Vater, griff nach der Kanne und versprach, frischen Tee zu bringen. Onkel Mohamed zischte meinem Vater zu, er sei ein Dummkopf. «Für Khadija bekommst du mindestens zwanzig Kamele. Sie ist ein schönes Mädchen. Sie kommt aus einer guten Familie.» Mit seinen eigenen Töchtern hatte Onkel Mohamed kein Glück. Die eine war kleinwüchsig, die zweite nicht sehr hübsch und die dritte ein Kleinkind, das er versprechen, aber erst in einigen Jahren verheiraten konnte. Mein Vater spuckte ein Stück Kautabak in den Sand. Sein Gesicht wirkte undurchdringlich, als er sagte: «Meine Töchter sollen nicht denken, ich würde sie verhökern.»

«Du bist nicht nur ein Dummkopf, du bist verrückt», schimpfte Onkel Mohamed. «Zwanzig Kamele! Außerdem ein Gewehr, ein Pferd, Lebensmittel. Denk bloß an all die Geschenke!» Mein Vater schüttelte den Kopf und nahm ein frisches Stück Kautabak. Gebannt stand ich dort, die Teekanne in meiner Hand.

Am nächsten Tag bestieg der alte Mann sein Pferd und machte sich auf den Heimweg. Khadija war mit Hilfe eines Cousins in die Stadt geflohen, und Said schwor, den Alten zu erschießen, wenn er meine Schwester noch einmal ansähe.

Zweiundachtzig, dreiundachtzig, vierundachtzig.

Ich begann von vorne. Das Ergebnis war das gleiche.

Eine fehlte.

Ich zählte noch einmal, doch wie oft ich auch zählte, eine Ziege war verschwunden, und ich hatte es nicht bemerkt. Mit Bangen und weichen Beinen machte ich mich auf den Heimweg.

«Du bist unzuverlässig», schimpfte mein Vater, als ich die Tiere ins Gehege trieb. Er warf ein Stück Baumrinde nach mir, es traf mich an der Ferse. «Lauf und such deine Ziege!»

Weinend rannte ich davon. Vor lauter Tränen konnte ich den Weg kaum erkennen. Ich lief einfach in Richtung der Myrrhebüsche, zu denen ich die Herde am Morgen geführt hatte. Bald dämmerte es. Ich suchte einen Baum, eine Schirmakazie, etwas, das mir Orientierung gab. Doch alles versank mehr und mehr im Dunkel der Nacht. In der Ferne hörte ich ein dumpfes Grollen. Ich bekam Angst. Vorsichtig tappte ich weiter. Die Luft roch frisch, und plötzlich begriff ich, dass das Grollen Donner war, ein Gewitter zog auf. Im nächsten Moment erleuchtete ein Blitz die Landschaft. Ich war geblendet und schloss die Augen. Dann entstand hinter meinen Lidern ein Bild. Da hatte ein Baum gestanden, ein Eukalyptusbaum. Ich änderte die Richtung. Nach dem Regen kamen die Tiere aus ihren Löchern; schon jetzt hörte ich Hyänen und einen Löwen.

Ich lief schneller.

Zwei kurze Blitze erhellten den Himmel. Ein paar hundert Meter trennten mich noch von dem Eukalyptusbaum. Was ich nicht sah, war das Dornengebüsch. Unvermittelt trat ich auf einen Zweig, schrie, stolperte und stürzte in das stachelige Gestrüpp. Ohne auf die Schmerzen zu achten, schlug ich mit meinem Stock um mich; sollte ein Tier in diesem Busch hausen, musste ich es vertreiben, bevor es mich angriff.

Doch ich war allein.

Mit dem Stock drückte ich die Zweige zur Seite, sodass sich eine Mulde bildete. Im Dunklen versuchte ich die Stacheln aus meinen Füßen, Beinen, Armen, Händen zu ziehen. Regen setzte ein, heftiger Regen, die Tropfen waren so dick, dass sie auf der Haut schmerzten. Ein weiterer Blitz ließ alles taghell werden. Nur wenige Schritte entfernt sah ich einen Baumstumpf; im nächsten Augenblick, im Dunkeln, glich er einem Tier. Es schien sich zu bewegen. Ich zog mein Tuch fester um mich. Ich betete zu Allah und bat die guten Geister, mich morgen in Frieden aufwachen zu lassen.

Um mich herum schrien die Tiere.

Als das erste Licht am Horizont aufzog, sah ich mich um. Ich hatte keine Ahnung, wo ich war. Also kroch ich aus dem Gebüsch und lief einfach drauflos, stundenlang, doch immer wieder stieß ich auf meine eigenen Spuren – ich lief im Kreis. Ich geriet in Panik. Ich hatte Durst, war hungrig, meine Wunden schmerzten. Ich sah Löwenspuren und Spuren von Hyänen im Sand. Besonders die Hyänen fürchtete ich. Sie liegen geduldig auf der Lauer und warten, bis ihr Opfer erschöpft ist. Dann erst stürzen sie sich auf es. Ich hörte das Gebell von Wildhunden. Sie kommen stets in Rudeln und sind sehr aggressiv.

Ich zuckte bei jedem Geräusch zusammen und hatte Angst vor allem, was sich bewegte.

Als die Sonne unterging, kletterte ich auf einen Baum. Ich löste mein Tuch, wickelte es um einen Ast und band

53

mich damit fest. Ich aß Beeren, eine Wurzel und Blätter. Die Blätter würden schwer im Magen liegen, das wusste ich, doch ich hatte nur wenig Essbares gefunden. Meine Blase drückte unerträglich, aber sobald ich einen Tropfen von mir gäbe, würde ich die wilden Tiere auf meine Spur führen. Dennoch musste ich dringend den Baum verlassen und mich erleichtern. Ich griff nach den Steinen, die ich gesammelt hatte, und warf sie hinunter. Ich schrie, um zu vertreiben, was immer dort unten lauern mochte. Aber nichts bewegte sich. Vorsichtig kletterte ich den Baum hinab, lief über die Steppe, hockte mich hinter einen Busch und rannte zurück. Oben auf dem Ast band ich mich wieder fest. Sollte ich einschlafen, würde ich nicht hinunterfallen. Es dauerte nicht lange, und ein Rudel Hyänen ließ sich unter dem Baum nieder. Mein Herz klopfte wild, ich fürchtete schon, sie könnten es hören.

Die ganze Nacht harrte ich so aus, ohne mich zu rühren.

Als es hell wurde, zogen die Hyänen davon.

Jeden Morgen, wenn ich erwachte, löste ich mein Tuch, stieg von meinem Baum und lief los. Stundenlang irrte ich umher. Ich weinte und rief nach meiner Mutter, jammerte, warum sie mir nicht half, mich nicht hörte und warum mich niemand holen kam. Ich hatte Angst und schämte mich. Mein Vater war gerade erst von einer Reise zurückgekehrt und hatte mir sogar ein wunderschönes Tuch mitgebracht. Ich hatte beweisen wollen, was für ein großes Mädchen ich schon war, und hatte stattdessen eine Ziege verloren. Wie damals, als der Gepard mir gefolgt war. Geparden sind schnell und können gut klettern, und es ist zwecklos, vor

54

ihnen auf einen Baum zu flüchten. Also hatte ich Steine geworfen, um den Gepard zu vertreiben. Doch da hatte er meiner Ziege schon das Genick gebrochen. Weinend hatte ich neben dem Kadaver gehockt.

Jetzt aß ich Wurzeln und suchte Beeren. Einmal fand ich ein Straußennest und stahl ein Ei daraus, doch der Straußenvater jagte hinter mir her. Haken schlagend rannte ich davon und stürzte in einen Dornenbusch. Die Stacheln bohrten sich in mein Fleisch. Einmal aß ich eine giftige Beere. Meine Zunge schwoll in Sekunden an und passte kaum noch in meinen Mund. Ich fand wilden Knoblauch und eine schmerzstillende Pflanze, die mein Bauchweh linderten. Wenn es regnete, sammelte ich Wasser in großen Blättern, oder ich hängte mein Tuch in den Regen und wrang es über meinem Mund aus. Ich bastelte Strohhalme aus Gräsern und trank damit das Wasser, das sich in Astlöchern gesammelt hatte. Der regenfeuchte Boden duftete, er war weich und sanft unter meinen Füßen und die Luft kühl, doch sosehr wir diese Tage das ganze Jahr über herbeisehnten, so wenig konnte ich mich jetzt darüber freuen. Verzweifelt und voller Angst kletterte ich jeden Abend auf einen Baum und band mich fest.

Dann hörte ich eines Morgens das Meckern einer Ziege und das Blöken von Schafen. In Windeseile löste ich mein Tuch, kletterte von meinem Baum und lief, so schnell ich konnte, in Richtung der Herde. Meine Cousine Nadifo winkte wild, sie hatte mich erkannt. Bald kam mein Vater angelaufen, dann meine Mutter und meine Geschwister. Tagelang war ich ganz in ihrer Nähe gewesen, ohne es zu ahnen. Und sie hatten mich verzweifelt gesucht, doch der

Regen hatte meine Spuren immer wieder fortgespült. Meine Mutter schloss mich in die Arme, dann setzte mein Vater mich auf seine Schultern und trug mich nach Hause.

Ich wurde gepflegt und verwöhnt. Man zog die Stacheln aus meinen Wunden, massierte meine Füße und ölte meine Haut, damit sie heilte. Niemand sprach mehr von der vermissten Ziege. Alle waren heilfroh, dass ich überlebt hatte.

Nachdem ich mich erholt hatte, übertrugen mir meine Eltern die Verantwortung für die gesamte Herde. Ich hatte zwar ein Tier verloren, aber ich hatte auch bewiesen, dass ich in der Wildnis überleben konnte. «Jetzt», sagte mein Vater, «bist du groß.»

Das Trillern war weithin zu hören. Ich stürzte aus der Hütte, einen Moment lang blendete mich das Sonnenlicht. Meine Mutter lief über den Hof, ihr Wickeltuch mit einer Hand gerafft, sodass sie nicht stolpere, und eilte auf einen Mann zu. Zuerst erkannte ich ihn nicht, denn er trug das Haar sehr kurz und wirkte mager. Meine Mutter lachte und ließ die Zunge gegen den Gaumen schlagen und stieß das typische Trillern der somalischen Frauen aus, das sie als Zeichen der Freude hören lassen. «Ahmed! Mein erstgeborener Sohn ist zurückgekehrt! Allah sei gedankt!»

Gebannt stand ich im Schatten der Hütte, noch schmutzig vom Ziegenhüten, und sah zu, wie meine Mutter meinen Bruder umarmte, sein Gesicht streichelte und seine Hand küsste. Dann rannte ich ebenfalls auf Ahmed zu.

Meine Mutter begann, ein Festessen zuzubereiten, und alle anderen Frauen halfen ihr dabei. Ich fegte den Hof und breitete Matten aus. Jama eilte herbei, mein Vater, Adan,

Onkel Yusuf, alle bestürmten Ahmed mit Fragen – welchen Weg hast du genommen, bist du überfallen worden? Wie geht es dem Onkel, den Cousins, den Brüdern und Schwestern in der Stadt? Alle riefen durcheinander, beanspruchten das Recht, neben dem Gast zu sitzen, reichten Getränke, und meine Mutter servierte Kamelmilch. Alle feierten Ahmeds Rückkehr.

Mein Bruder hatte Geschenke mitgebracht, und zu meiner Überraschung und Freude waren die meisten für mich – Tücher in den schönsten Farben und eine Perlenkette, leuchtend gelb. Blaue Plastiksandalen mit Schnallen, die ich mir schon lange gewünscht hatte, denn die Ledersandalen, die mein Vater ab und zu herstellte, quietschten immer, wurden nass und weichten durch, und die Tiere knabberten an den Sohlen. Das faszinierendste Geschenk war jedoch ein aufklappbarer Taschenspiegel. So etwas hatte ich nur ein einziges Mal gesehen, in der Stadt, bei meiner Tante. Vorsichtig drückte ich mit dem Daumen gegen den schmalen Kunststoffsteg.

Der Spiegel sprang auf. Ich sah ein Gesicht.

Es war seltsam groß und verzerrt.

Lachend klappte ich den Spiegel wieder zu, schüttelte mich, klappte ihn erneut auf und sah hinein. Khadija zog an meinem Arm, tausend Hände griffen gleichzeitig nach dem grünen Taschenspiegel, alle Mädchen drängelten und wollten sehen, was es mit dieser Gabe auf sich hatte. Ich fühlte mich wie eine Königin. Selig umarmte ich meinen Bruder und überschüttete ihn mit Küssen: «Danke, Ahmed.» Ahmed hob mich hoch und warf mich in die Luft, bis mir schwindelig wurde. Er war der beste Bruder der

57

Welt, am liebsten hätte ich ihn geheiratet! Meine Mutter stand daneben. «Dein Bruder ist deinetwegen gekommen», sagte sie und strich über mein Haar. Ich verstand nicht, was sie meinte, aber ich fühlte mich wie der wichtigste Mensch im Universum. «Du bist wirklich groß geworden.»

Es dämmerte schon, als sich unsere Familie im Hof versammelte. Im Schneidersitz saßen wir vor unseren Hütten. Der Ziegenbraten duftete und schmeckte köstlich. Ich kuschelte mich an meine Mutter und beneidete den kleinen Mohamed, der übermütig auf Ahmeds Beinen herumturnte. Alle aßen und lachten und berichteten, was geschehen war, seit Ahmed uns verlassen hatte.

Später, als ich allein war, holte ich noch einmal meine Geschenke hervor. Vorsichtig drapierte ich Tücher um meinen Körper, breitete sie über meinen Kopf, drehte und wendete mich, legte die Perlenkette um, schlüpfte in die Plastiksandalen, betrachtete meine Füße. Alles roch so neu und verheißungsvoll. Ich schloss die Augen und sog den Geruch ein, um ihn nie wieder zu vergessen. Dann öffnete ich die Schnallen der Sandalen, löste die Kette und faltete die Tücher zusammen. Die Perlen und die Schuhe gab ich meiner Mutter, und sie schloss sie in ihren Koffer. Die Tücher legte ich auf die Schlafmatte. In der Nacht würde ich sie als duftendes Kopfkissen benutzen.

«Morgen ist dein großer Tag», sagte meine Mutter.

«Wenn du stirbst, bekomme ich deine Geschenke», sagte Khadija.

Meine Haut kribbelte, als liefen Ameisen darüber. Ich hörte Mutters Atem, das Schnarchen meiner Brüder, der Ziegen und Schafe. Vor dem Schlafengehen hatte meine Mutter mich gebadet, meinen Körper mit Seife geschrubbt, meine Finger- und Zehennägel geschnitten. Sie hatte meine Haare zu Zöpfen geflochten und meinen Körper mit Buttermilchfett eingerieben, sodass ich duftete. Ich werde verheiratet, dachte ich. Dann fiel mir ein, dass ich gar nicht heiraten konnte. Ich war ja noch unrein.

War es das, was Mutter gemeint hatte?

Ich war jetzt sieben Jahre alt. Vor dem letzten Großen Regen waren alle Mädchen in meinem Alter beschnitten worden. Nur ich war krank gewesen. Das Kind stirbt, hatte meine Mutter gesagt und nicht zugelassen, dass man mich holte.

Ein Vogel schrie. An meinem Hals spürte ich Mutters Atem. In dieser Nacht hatte Mohamed auf seinen Platz verzichten müssen. Zum ersten Mal seit seiner Geburt durfte ich wieder in Mutters Armen liegen. Aber ich konnte nicht schlafen. Mein Bauch fühlte sich heiß und hohl an. Alle Mädchen warteten auf ihren großen Tag, doch niemand sprach darüber. Ich dachte an Nadifo und an Amal. Sie hatten geprahlt und herumerzählt, sie seien schön und rein und wir anderen schmutzig. Doch manchmal hatte ich gesehen, dass ein Mädchen weinend nach Hause zurückkehrte. Manche wurden krank. Was immer mir bevorstand, es würde sicher wehtun.

Sollte sie doch sterben, diese Beschneiderin, noch heute Nacht!

Ich erschrak vor mir selbst. Den Beschneiderinnen sprach man geheime Kräfte zu, etwas Mystisches umgab diese Frauen. Was, wenn sie meine bösen Wünsche spürte? Mit wem stand sie womöglich in geheimer Verbindung? Schnell murmelte ich ein paar Worte der Entschuldigung, beschwor die Geister und wünschte ihr ein gutes und langes Leben.

Es war noch dunkel, als meine Mutter mich weckte. Sie bedeutete mir, leise zu sein. Rasch stand ich auf, zog mein Tuch fest und folgte ihr. Die Luft war klar und kühl, ein Vogel gurrte, und das Stimmengewirr vom Abend zuvor, der Gesang und das Gelächter hallten noch in meinen Ohren.

Meine Mutter trug eine Wasserflasche und eine Wanne. Die Wanne war sehr groß, man konnte darin sitzen. Aber ich wollte gar nicht wissen, wozu wir sie brauchen würden. Stattdessen konzentrierte ich mich auf das Geräusch unserer Schritte, vier Füße, die schnell über den harten Sand liefen. Mit jedem Meter, den wir uns von unserem Lagerplatz entfernten, wuchs meine Angst. Mein Herz schlug laut gegen die Rippen. Mir wurde übel. Es fühlte sich an, als liege mein Magen lose in meinem Bauch. Ich spürte Mutters Blick auf mir. Ich konnte nicht weglaufen. Ihre Hand griff nach meiner.

Schließlich erreichten wir eine weite und kahle Lichtung. Eine einzelne Schirmakazie stand an ihrem Rand. Das Licht wurde braun, dann grau, und je heller es wurde, desto mehr verlor die Landschaft ihre Schönheit. Aus dem Dunkel schälten sich dornige Büsche, vertrocknete Pflanzen, ausgedörrter Boden. «Hier warten wir», sagte meine Mutter und hockte sich in den Sand.

«Wo sind Tante Asha und Iman?»

«Sie kommen nach.»

60

Schweigend saßen wir nebeneinander. Die Stille machte mir Angst. Sie kündigte Unheil an und ließ mich meine Machtlosigkeit spüren, in jeder Sekunde, die verstrich. Ich hatte Angst, mich übergeben zu müssen.

«Schau», sagte meine Mutter, erhob sich und ging auf die Schirmakazie zu. «Schau, was wir für dich und deine Cousine vorbereitet haben.» Jemand hatte die Zweige des Baumes bis auf den Boden heruntergezogen, sodass eine Art Hütte entstanden war. An den Seiten hatte man Dornenzweige aufgeschichtet, um Tiere abzuhalten. Der Boden war festgestampft und mit Matten bedeckt worden.

Ein Lager. Auf unbestimmte Zeit.

Obwohl die Sonne noch tief stand, begann ich zu schwitzen.

Am gegenüberliegenden Ende der Lichtung tauchte eine Gestalt auf. Die Frau schien sehr alt zu sein, denn sie ging gebeugt. Trotzdem lief sie zügig auf uns zu. Als sie uns erreichte, grüßte meine Mutter ehrerbietig. Die Alte murmelte ein paar Worte, die ich nicht verstand, und ließ sich, ohne mich eines Blickes zu würdigen, auf dem Boden nieder. Sie trug ein schmutziges, zerlumptes Wickeltuch, und ihre Haut war ganz faltig. Sie breitete ein Tuch im Staub aus und begann, geheimnisvolle Worte zu murmeln, um die bösen Geister und alle Teufel von diesem Ort zu verjagen.

Eine Hexe. Sie war ganz sicher eine Hexe.

Die Alte begann jetzt, einen Beutel zu leeren und ihre Utensilien auszubreiten. Ein Säckchen Asche. Ein Stöckchen. Ein Döschen mit Kräuterpaste, die Stacheln eines Dornenbuschs, Elefantenhaare. Eine Rasierklinge, die sie in zwei Hälften brach. Ihre Lider hingen schwer über beiden

Augen, und ich fragte mich, ob sie überhaupt sehen konnte, was sie tat. Sie griff nach dem Stöckchen, teilte das obere Ende mit der Rasierklinge und schob die Klinge in den Schlitz. Dann umwickelte sie das Ganze mit einem Stück Sisalseil. Es sah aus wie ein kleines Beil.

Ich wollte schreien. Ich wollte fortlaufen.

Aber ich wollte keine Schande über meine Familie bringen.

Nervös zupfte ich an meinen Armen. Die Haut fühlte sich heiß an und kribbelte. Was war das, was man aus mir herausschneiden wollte? Meine Mutter umfasste meine Schultern. Die alte Frau hatte mich immer noch nicht angesehen.

«Setzt euch», murmelte sie und deutete mit ihrem Daumen auf die Wanne, die meine Mutter mitgebracht hatte und die mit der Öffnung nach unten im Sand lag. «Setz dich darauf», sagte meine Mutter. Mein Herz raste. Mein Mund war trocken, kein Wort kam heraus. Ich setzte mich auf die Wanne. Meine Mutter hockte sich hinter mich und hielt mich fest. Eine Hand schob mein Tuch hoch. Plötzlich hörte ich Tante Ashas Stimme. Sie sagte, ich solle meine Beine heben und die Füße links und rechts auf den Rand der Wanne stellen. Hände berührten meinen Körper, lauter Hände, überall, sie drückten, zerrten, zogen. Eine Stimme sagte: «Haltet sie fest!» Eine Hand hielt meinen Mund zu.

Der erste Schnitt war eiskalt.

Ein tiefblauer Schmerz.

Blitze in meinem Kopf.

Die Stimme meiner Mutter, die ruft: «Schrei nicht so. Mach mir keine Schande. Sei ein großes Mädchen!»

Diese Kälte.

Blut an meinem Po, eiskaltes Blut.

Ein Aufbäumen gegen einen alles verschlingenden Schmerz.

Ein Schrei bis ans Ende der Welt, doch er steckt in meinem Hals fest und kann nicht heraus.

Die Welt, die aufhört, sich zu drehen. Alles wird stumm.

Und alles wird weich.

Ganz weich und leicht und schön. Feiner Sand umhüllt mich, nimmt meinen Körper in sich auf, trägt mich, trägt mich davon, umarmt mich, beschützt mich.

Als ich wieder zu Bewusstsein kam, spürte ich nichts mehr. Ich hörte kratzende und schabende Geräusche und Stimmen. Ich schwebte und sah von oben herab zu, wie ich auf dem Boden lag, auf der Wanne, die meine Mutter so weit hierher getragen hatte. Ich sah meine Beine, noch immer angewinkelt, meinen Körper, steif wie ein Brett, meine Mutter und Tante Asha, sie hielten mich fest, steckten mir ein Stück Holz in den Mund, und eine alte Frau hockte zwischen meinen Beinen und verrichtete ihr barbarisches Handwerk.

Irgendwann konnte ich wieder atmen. Schrie: *Mama, hilf mir!*

Doch es hörte nicht auf. Es hörte noch lange nicht auf.

• ZWEI •

DIE WUNDE WURDE MIT SALZWASSER AUSGEWASCHEN. Die Alte griff zu den Dornen, schärfte sie mit ihrer Rasierklinge, damit sie besser durch die Haut rutschten, und begann, mich zuzunähen. Ich versuchte, mich zu wehren, aber starke Hände drückten mich nieder. «Halt still, gleich ist es vorbei», sagte meine Mutter. «Andere haben das auch geschafft.» Ich weinte. Die Dornen quietschten, als die Alte sie durch meine Haut trieb. Ein Dorn brach ab, und sie brachte lange damit zu, das abgebrochene Ende wieder aus meinem Fleisch herauszuquetschen.

Alles, was ich spürte, war ein eiserner Schmerz, der meinen Rücken hinaufzog.

Als ich am folgenden Tag erwachte, schmerzte mein ganzer Körper. Und obwohl ich jede Faser spürte, schien er nicht mehr zu mir zu gehören. Man hatte uns voneinander getrennt; wir waren keine Einheit mehr.

Leise rief ich nach meiner Mutter. Meine Mutter rief nach der Beschneiderin. Gemeinsam trugen sie mich in eine Ecke der Hütte, legten mich in den Sand, drehten mich auf die Seite und winkelten meine Beine an. Die Beschneiderin hockte sich hinter mich. Ich versuchte, einem dringenden Bedürfnis nachzugeben.

Doch es war unmöglich.

»Hab dich nicht», raunte die Hexe. «Streng dich an.» Mit

64

der flachen Hand schlug sie auf meinen Schenkel. Feuer jagte meine Beine hinab.

«Beiß in meinen Arm», sagte meine Mutter. «Ich weiß, dass es wehtut.» Doch ich brachte keinen Tropfen heraus. Die Beschneiderin machte sich an dem Verband zu schaffen. Panik erfasste mich bei jeder ihrer Berührungen.

«Das Kind ist vollkommen zugenäht», hörte ich meine Mutter erschrocken rufen. «So wird sie sterben!»

Die Beschneiderin schimpfte und fluchte und spuckte in den Sand. Mit kalten Fingern zog sie einen Dorn aus meinem Fleisch; es quietschte.

«Aber öffnen Sie sie nicht zu weit», rief meine Mutter. Die Alte murmelte unverständliches Kauderwelsch. Es dauerte eine halbe Stunde, bis ich meine Blase geleert hatte. Der Urin brannte in der offenen Wunde, Tränen liefen mir übers Gesicht. Die Alte begann erneut, meine Beine von der Hüfte bis zu den Knien mit Tüchern zu umwickeln. Die Dornen stachen in meine Schenkel.

«Jetzt bist du ein reines Mädchen», sagte meine Mutter und strich über meine Wange. «Du wirst strahlen. Du wirst leuchten.»

Somalis lassen ihre Töchter beschneiden, damit sie schön werden und rein. Es ist eine uralte Tradition.

Für alle Mädchen ist das ein großer Tag, und sie sehnen ihn herbei. Sie wissen nicht, was ihnen bevorsteht. Zwar ist der Brauch verbreitet, doch über Sexualität wird nicht gesprochen. Die Mädchen wissen nur, dass sie nun zur Frau werden.

Die Beschneiderinnen entfernen die Klitoris und die in-

neren Schamlippen. Manchmal schaben sie auch die äußeren Schamlippen aus und entfernen Gewebe der Vagina.
Sie benutzen dazu Rasierklingen, Glasscherben, Messer,
Scheren und manchmal auch ihre scharfen Fingernägel.
Anschließend nähen sie die äußeren Schamlippen mit Dornen und einem Faden zu. So wachsen sie zusammen. Es
bleibt nur eine winzige Öffnung, durch die der Urin und
das Menstruationsblut tröpfeln. Die Beschneidung von
Mädchen wird in vielen Ländern Afrikas, in Asien, sogar
in Amerika und Europa praktiziert, und die Riten sind unterschiedlich. Manchen wird nur die Vorhaut der Klitoris
beschnitten, und sie werden nicht zugenäht. In Somalia
jedoch werden achtundneunzig Prozent der Mädchen so
beschnitten, wie ich beschnitten worden bin.

Die Tradition ist mächtig. Niemand kann sich vorstellen, sie nicht fortzuführen. Kein Mädchen würde es wollen,
denn dann stände es außerhalb der Gesellschaft. Die Beschneidung wird religiös begründet, obwohl man sie auch
in anderen Religionen kennt, man hält sie für hygienisch
und ästhetisch, denn erst beschnitten und zugenäht gelten
die weiblichen Geschlechtsorgane als schön. Zudem ist so
sichergestellt, dass das Mädchen vor der Ehe keusch bleibt.

Meine Beschneidung kostete mehrere Ziegen. Die meisten Beschneiderinnen in Somalia gehören zu einem Stamm,
der nicht sehr angesehen ist, doch sie lassen sich ihr Amt
teuer bezahlen. Und so ist die Beschneidung von Mädchen
auch ein lukratives Geschäft.

Einhundertvierzig Millionen Frauen, so schätzt die
Weltgesundheitsorganisation, sind beschnitten, jedes Jahr
kommen weitere zwei Millionen hinzu. Die gesundheit-

lichen Folgen sind schwerwiegend. Die Mädchen sterben am Schock, sie verbluten, erkranken an Infektionen, bekommen chronische Beschwerden, werden unfruchtbar. Und sie leiden lebenslang unter dem Trauma. All das wird in Kauf genommen.

Es ist eine uralte Tradition.

Wenige Stunden nachdem die Beschneiderin den Dorn entfernt hatte, bekam ich Fieber. Hitze kroch meine Beine und meinen Bauch hinauf. Das Blut und das Fleisch pulsierten und pochten, klopften, mit einer Kraft, dass ich dachte, mein Körper müsste zerspringen. «Macht, dass es aufhört», wollte ich schreien und die Verbände von meinen Beinen reißen. Luft, ich sehnte mich nach kühler Luft! Neben mir lag Iman, reglos und stumm. Tränen liefen über ihre Wangen.

Dann schlief ich ein.

Als ich erwachte, kniete meine Mutter neben mir. Vorsichtig half sie, mich von einer Seite auf die andere zu drehen. Bäuchlings oder auf dem Rücken zu liegen war unmöglich. Sie gab mir Beeren und Ziegenmilch; ich nahm die Beeren und wies die Schale zurück. Der Geruch von Eiter und faulendem Fleisch breitete sich aus. Ich zog am Stoff des Verbandes, doch meine Mutter schob meine Finger beiseite. Mir war, als würde ich bei lebendigem Leib kochen, die Hitze und das Pochen, das Hämmern in meinem Inneren, das anschwoll, immer lauter wurde, dröhnte. Mein Gesicht glühte.

Höllenfeuer. Überall.

Als ich wieder zu mir kam, klebte meine Zunge am

Gaumen. Meine Lippen waren trocken, und die Augen brannten. Mein Schädel fühlte sich an, als habe man mich kopfüber an einen Baum geknüpft. «Kind …», sagte meine Mutter. Ihr Blick war nach innen gekehrt, sie sah sehr traurig aus. Ich streckte meine Hand aus. Meine Mutter umklammerte meine Finger, küsste sie und streichelte mein Gesicht. Sie sprang auf und reichte mir Wasser. Gierig trank ich, spürte jeden einzelnen Schluck meinen Hals hinabrinnen. Durch das Dach fiel mattes Nachmittagslicht, ich hörte das Keckern eines Vogels und in der Ferne das Schnalzen eines Kamelhirten. Der würzige Geruch von Staub, Erde und Sträuchern drang in die Hütte. Die Matte, auf der meine Cousine Iman gelegen hatte, war leer. Meine Mutter wischte mit einem Tuch über meine Wangen. Ich fühlte mich, als käme ich von weit her.

Später erzählte meine Mutter, dass sie sieben Tage und Nächte an meinem Lager gewacht hatte, während ich bewusstlos gewesen war. Tropfenweise hatte sie mir Wasser eingeflößt, hatte kühle Tücher auf meine Stirn gelegt und mir Luft zugefächelt. Sie hatte gebetet. Und dann hatte sie mein Leichentuch bestellt und einen Geistlichen gerufen. Doch der hatte sich geweigert, mich zu segnen, denn Männern ist es verboten, sich beschnittenen Mädchen zu nähern. Meine Mutter aber bestand darauf, dass ich rein vor Gott träte, wenn ich stürbe. Schließlich hatte man mich mit heiligem Wasser beträufelt und ein paar Suren aus dem Koran zitiert.

«Mama», sagte ich. «Mama, ich habe solchen Hunger.» Da brach meine Mutter in Lachen aus, sie lachte und weinte und dankte Allah und stieß ein lautes Trillern aus, und bald

68

liefen die Frauen und Mädchen aus unserer Familie herbei und freuten sich und jubelten, dass ich am Leben war.

Man schlachtete ein Schaf und feierte ein großes Fest.

Drei Wochen vergingen, dann wurden die restlichen Dornen entfernt. Iman erholte sich schnell, doch ich fühlte mich krank. Noch immer pulsierte die Wunde, zwar leiser jetzt und das Pochen war zu einem Klopfen geworden, doch sie kam mir vor wie ein schlafendes Tier, dem nicht zu trauen war. Wieder band man Tücher um meine Beine, lockerer nun, doch ich konnte nur kleine Schritte machen und mich kaum bewegen. Ich wollte es auch nicht. Ich hatte Angst, mich zu bewegen.

Ich fühlte mich matt. Klein. Zu nichts nütze. Es war, als sei alle Energie aus mir geflossen. Stattdessen zogen klamme Furcht und Traurigkeit in jeden Winkel meines Körpers. «Du hast dich verändert», sagte mein Vater. «Was ist mit dir?»

Ich hatte keine Worte dafür.

Ich verbrachte die Tage in der Hütte, verrichtete gehorsam die Arbeiten, die man mir gab, flocht Schalen, Körbe, still und gewissenhaft. Draußen hörte ich die anderen Mädchen herumlaufen, hörte, wie sie die Ziegen ins Gehege trieben, ihre Füße auf dem harten Sand, das Scharren, ihre Schnelligkeit und ihre Kraft.

Ich weinte.

Ich wollte meinen Körper verlassen.

Man hatte mich getäuscht. Alles, was versprochen worden war, hatte sich als Illusion entpuppt, war zerfallen, nichts als Staub jetzt in meinen Händen. Man hatte mich hintergangen. Ich war nicht schön. Ich strahlte nicht. Stattdessen war ich ins Bodenlose gestürzt, und nun, da ich aufschlug, war da jener kalte blaue Schmerz, den mein Körper nicht mehr vergaß.

Es gab keinen Trost. Alle hatten zu tun.

Ich spürte Mauern um mich wachsen und entfernte mich von denen, die ich liebte.

Monate später begannen meine Gelenke zu schmerzen. Morgens, wenn ich erwachte, winkelte ich die Beine an und richtete mich langsam auf. Doch sobald ich stand, ging ein dumpfes Reißen durch beide Füße. Griff ich nach der Wasserschale, stach und pochte es im Inneren meiner Handgelenke. Ständig hustete ich.

«Trink Ziegenmilch», sagte meine Mutter, die immer schon vor mir wach war. Ich schüttelte den Kopf; ich hatte keinen Hunger. «Trink», sagte sie. «Schau, wie dünn du geworden bist.» Ich nahm stattdessen einen Schluck Wasser. Ich hatte nie viel gegessen, doch seit einer Weile überließ ich Adan auch noch meinen Maisbrei.

«Trink jetzt die Milch und iss etwas!», rief meine Mutter und gab mir eine Ohrfeige. Ich gehorchte und trank einen Schluck Milch. Es war nicht, weil ich ungezogen sein wollte oder stur; das war ich ohnehin nur noch selten.

Ich aß nicht, weil ich nicht essen konnte.

Warum hätte ich auch essen sollen? Es reichte, morgens und abends etwas Wasser zu trinken. Ich nahm meine Rute und ging hinaus zu den Ziegen. Hinter den Hügeln erhob sich die Sonne, weiß, klar und rein.

Was, dachte ich plötzlich, wenn meine Eltern stürben?

Was, wenn ich stürbe?

Wer würde an meinem Grab weinen? Würde meine Mutter sich in den Staub werfen, würde Vater klagen, würden meine Geschwister trauern um ihre verlorene Schwester? Ich scheuchte die Gedanken beiseite. Ich verstand nicht, woher sie kamen, doch sie kamen hartnäckig immer wieder.

Ich trieb die Ziegen zu einer abgelegenen Lichtung. Meine Zehen hatten sich verformt, und meine Knie und Knöchel schwollen immer weiter an, sie glichen prallen Pampelmusen. Die anderen Mädchen lachten und riefen mir Gemeinheiten nach. Sie riefen, dass ich später keinen Mann bekäme, dass niemand einen Krüppel heiraten würde. Und ich konnte nicht einmal hinter ihnen herlaufen und sie verhauen. Wenn sie auf Bäume kletterten, über Felsen sprangen oder auf Händen liefen, stand ich abseits.

Es war heiß, doch ich hatte keinen Durst. Die Ziegen hingegen waren durstig. Immer wieder suchte ein Tier nach den Zitzen eines anderen. Ich trieb sie auf ein Myrrhegebüsch zu. Dort angekommen, überließ ich die Tiere sich selbst und setzte ich mich unter einen Baum – die Beine zusammengepresst, nicht mehr im Schneidersitz. Das gehörte sich ohnehin nicht für ein Mädchen, doch ich wollte mich auch schützen; niemand sollte mich je wieder berühren können. Sobald ich an das faltige Gesicht der Beschneiderin dachte, ihre knochigen Finger sah, spürte ich einen eisernen Schmerz im Rücken. Jede einzelne Zelle meines Körpers erinnerte sich daran.

Mit einem Stück Rinde grub ich ein Loch in den Sand, um meine geschwollenen Knöchel zu kühlen. Langsam zog die Sonne ihre Bahn, und ich wartete, dass die Zeit verging.

Am Abend, als ich die Herde molk, stand Anisa am Rand des Geheges. Sie hatte mir Beeren gebracht und hielt sie mir entgegen, dicker Saft troff von ihren Fingern. «Geh», sagte ich, «du bist schmutzig.»

Anisa schaute mich an, und in ihren Augen sah ich einen Ausdruck, den ich nur zu gut kannte. Auch ich hatte mich so schmutzig gefühlt, wie man es mir jahrelang eingeredet hatte. Nun war ich rein. Aber ich spürte nichts davon.

Trotzdem gab ich damit an.

Wie die anderen Mädchen.

Nach einem Jahr konnte ich nur noch unter Schmerzen gehen. Meine Zehen waren verknorpelt, die Knie steif, oft lief ich auf den Außenkanten der Füße. Jeden Abend waren die Fußgelenke geschwollen und sahen aus wie Knollen, die man zu lange im trockenen Boden hatte liegen lassen und die dann mit dem Regen aufgequollen und auf das Doppelte und Dreifache ihrer ursprünglichen Größe gewachsen waren.

Morgens fachte meine Mutter ein Feuer an. Dann löschte sie die Flammen, grub die heiße Erde aus, wickelte sie in ein Tuch und legte sie auf meine Beine. So erwärmt, konnte ich sie manchmal bewegen. «Du bekommst Omas Krankheit», sagte meine Mutter. Auch Großmutters Knochen hatten sich verformt, allerdings erst im Alter. Mein Husten wurde schlimmer. Irgendwann sprach man von Tuberkulose. Ich saß herum und konnte mich nicht nützlich machen. Ich war keine Arbeitskraft mehr und fiel allen zur Last.

Langsam wurde ich immer bitterer.

Eines Nachts träumte ich, meine Familie hätte mich beerdigt. Meine Eltern und Geschwister standen im Halbkreis um mein Grab herum. Ich spürte, wie sie Erde auf mich warfen, jeden einzelnen Klumpen fühlte ich durch das Leichentuch hindurch. Ich schrie: Ich bin nicht tot, ich bin nicht tot! Aber mit unbewegten Gesichtern starrten alle in die Tiefe, auf ein weißes Tuch, einen toten Körper. Mein Vater blieb noch am Grab stehen, als die anderen schon gegangen waren. Dann wandte auch er sich ab. Klar und deutlich hörte ich, wie sich seine Schritte entfernten.

Schreiend, nach Luft ringend, wachte ich auf.

Eines Morgens sagte meine Mutter zu meinem Vater: «Bring sie in die Stadt, zu deinem Bruder. Er ist reich, soll er Fadumo zu einem Arzt bringen. Aber …», und meine Mutter fuhr sich mit beiden Händen durchs Gesicht und streckte sie zum Himmel, als würde sie beten. «Aber, inschallah, bring sie mir zurück!»

Traurig und aufgeregt zugleich verabschiedete ich mich von allen, von Jama und Adan und Mohamed, von Nadifo und Said, von Onkel Yusuf, seinen Frauen, ihren Kindern. Meine Mutter begleitete uns zum Zaun. Dort blieb sie stehen, umarmte und küsste mich. Dann machten mein Vater und ich uns auf den Weg.

Jedes Mal, wenn ich zurückblickte, sah ich meine Mutter am Zaun stehen. Die linke Hand in die Hüfte gestemmt, winkte sie uns nach. Das Bild brannte sich in mein Gedächtnis. Der Boden war hart und staubig, die Sonne glühte, und je weiter wir uns entfernten, desto kleiner wurde die winkende Gestalt. Irgendwann hatte der rote Boden sie verschluckt.

Mein Vater marschierte, sein Stock wirbelte durch die Luft, seine Füße flogen nur so über den Sand. Dabei sprach er ohne Pause. In der Stadt, sagte er, müsse ich Acht geben, dort gebe es Straßen und Autos und viele fremde Menschen, nicht alle seien mir wohlgesinnt. Ich versuchte, alles zu verstehen. An Autos erinnerte ich mich, doch ich musste ständig nachfragen: Was ist eine Straße, und warum sind die Menschen böse? Nach einer Weile war ich außer Atem und beschloss, nicht mehr zu reden, sondern nur noch zu laufen. Bald war ich erschöpft.

«Ach Kind», rief mein Vater, als würde ihm gerade erst bewusst, dass er zwei Meter und ich gerade mal halb so groß war und krank dazu. Er bemühte sich, langsamer zu gehen, aber schnell fiel er wieder in seinen gewohnten Rhythmus. Für einen Nomaden ist ein Zweitagesmarsch wie ein Spaziergang. Auch große Distanzen überwindet er in atemberaubender Geschwindigkeit, denn er kann nicht schlendern, solange er ein Ziel hat. Als mein Vater sah, dass ich vor Erschöpfung zu weinen begann, hob er mich auf seine Schultern. Er fragte mich, was ich von dort oben sähe. «Einen Hügel», antwortete ich.

«Wie sieht er aus?»

«Wie der Höcker eines Kamels, sanft und braun.»

«Was siehst du noch?»

«Eine Schirmakazie.» Mich schauderte. «Und einen Weihrauchbusch.»

«Siehst du Staub? Siehst du andere Nomaden, die unterwegs sind?»

74

Ich drehte den Kopf in alle Richtungen. «Nein.»

«Siehst du Rauch? Einen Platz, an dem Menschen leben, bei denen wir etwas trinken können?»

«Nein.» Jeder Nomade in der Wüste ist verpflichtet, einem anderen Nomaden, der darum bittet, Wasser zu geben. Das wusste ich bereits. Jeder Wanderer wird zum Essen eingeladen, das ist so üblich. Doch wir waren allein. «Nein, Papa, ich sehe nur Steppe.»

Wir liefen, bis es dunkel wurde, dann breitete mein Vater eine Matte unter einem Baum aus und zündete ein Feuer an. Ich saß in seinen Armen, den Kopf an seine Brust gelehnt, und sein Bart kitzelte meine Kopfhaut. Zum ersten Mal in meinem Leben hatte ich ihn ganz für mich allein. Zum ersten Mal seit langem fühlte ich mich nicht traurig. Irgendwo heulte eine Hyäne, doch ich wusste, mein Vater hatte seinen Dolch bei sich; was auch immer geschah, er würde mich beschützen.

«Mein Sonnenschein», sagte er und strich mir über das Haar. Ich bat, seine Füße massieren zu dürfen. Mein Vater stimmte ein Lied mit einem alten Text eines somalischen Dichters an, doch es klang schauderhaft. Ich musste furchtbar lachen und hustete, ich hielt mir die Ohren zu und bat ihn aufzuhören. Mein Vater war mein Held, aber eines konnte er wirklich nicht: singen.

Später lauschten wir dem Knistern der Zweige im Feuer. Ich wollte jede Sekunde festhalten, doch mir fielen die Augen zu. Das Letzte, was ich wahrnahm, war der Duft von Tabak und Kaffeebohnen, der meinen Vater umgab.

Am Morgen gab mein Vater mir Wasser, und aus einem Säckchen, das er bei sich führte, zog er getrocknetes Kamelfleisch. Außerdem reichte er mir einen kleinen Klumpen, ein süßes Gelee aus Butter und Zucker. Ich brach ein Stück ab. Kauend fragte ich: «Wie ist es bei Onkel Abdulkadir?»

«Du wirst es schon sehen.»

«Wo wohnt er, und wo werden wir wohnen?»

«In Mogadischu.»

«Wie sieht es dort aus?»

«Das ist eine große Stadt, mit vielen Häusern und Menschen.»

«Und wie sieht Onkel Abdulkadir aus?»

«Er ist ein sehr schöner Mann.»

«Und warum ist er so wichtig?»

«Weil er die größte Druckerei Somalias besitzt.»

«Was ist eine Druckerei?»

«Dort werden Zeitungen hergestellt. Und Pässe.»

«Was sind Pässe? Was sind Zeitungen?»

«Du wirst es schon sehen.» Mein Vater stand auf, nahm einen Schluck aus der Wasserflasche und verschnürte unseren Proviant in seinem Säckchen. Ich versuchte, mir Zeitungen und Pässe und Straßen vorzustellen. Und meinen Onkel. Vermutlich war er sehr groß, noch viel größer als mein Vater!

Wir liefen los, und als meine Kraft nachließ, trug mein Vater mich wieder auf seinen Schultern. Es war ungewöhnlich, dass ein Mann seine achtjährige Tochter auf den Schultern trug; doch meine Gelenke waren so dick wie reife Früchte. Am Nachmittag trafen wir eine Nomadenfamilie, man lud uns zum Essen ein, und wir füllten unseren Wasservorrat. Die Familie stellte Schuhe aus alten Autoreifen

76

her, und mein Vater kaufte ein Paar. Die Sandalen hatten dicke Sohlen, durch die weder Stacheln noch Dornen, noch Steine drangen. Außerdem stanken sie nicht so wie unsere Ledersandalen. Doch mit einem Blick auf mich entschied er: «Du wächst zu schnell. Wenn ich dir auch Schuhe kaufe, werden sie dir schon bald nicht mehr passen.»

Dann zogen wir weiter.

Am dritten Tag kamen wir in die Stadt.

Auch hier waren die Häuser aus Stein, und sie waren himmelhoch. Ich verstand nicht, wie sie ihr Gleichgewicht hielten und warum sie nicht umkippten. Noch verwirrender waren die vielen Menschen, die umherliefen, termitengleich wimmelten: Männer, von denen manche Uniformen trugen wie mein ältester Bruder Ahmed, Mädchen in Kleidern, die ihnen gerade bis zum Knie reichten, aus Stoffen, die in der Sonne glitzerten. Frauen in bunten Wickeltüchern und, auch das überraschte mich, alle in verschiedenen. Zu Hause waren wir oft alle gleich gekleidet, denn wenn mein Vater einen Ballen Stoff mitbrachte, nähte Mutter daraus Tücher für die ganze Familie.

All diese Menschen rannten umher – wo rannten sie hin?

Wo kamen sie her?

Stimmen schrien durcheinander, die Luft war trocken und voller Staub, es war eng. Jemand stieß mich, ich taumelte, meine Gelenke schmerzten, ein Junge rannte vorbei, so dicht, dass ich den Lufthauch seiner Bewegung spürte. Ein Mann kam mir entgegen, der auf einem Gestell aus Metall saß, das zwei Räder hatte. Flink bewegte er sich durch die Menge. Das sah komisch aus, und ich staunte, dass der Mann nicht umfiel. Eine Frau zog einen Kasten hinter sich her, auf dem sie rote Früchte gestapelt hatte. Auch dieser Kasten hatte Räder. Mir wurde ganz schwindelig. Mit offenem Mund starrte ich auf das Treiben. Hinter mir ertönte ein Geräusch, ein durchdringendes Schrillen. Ein Tier? Etwas schoss auf mich zu.

Eine Hand riss mich beiseite.

«In der Stadt kannst du nicht einfach mitten auf der Straße herumstehen», rief mein Vater. Ich starrte auf den Boden, unter meinen Füßen ein breiter Streifen festgestampfter Sand. Das also war eine Straße. «Wenn ein Auto hupt, musst du zur Seite gehen», sagte mein Vater.

Das Gellen klang noch in meinen Ohren. «Aber ein Tier läuft doch auch um mich herum, wenn ich im Weg stehe.»

«Ein Auto ist kein Tier. Es überfährt dich.»

Ich sah meinen Vater an und schaute dann dem Auto hinterher. Wenn es kein Tier war, was war es dann? Und warum verhielt es sich anders als ein Kamel?

«Ein Auto sieht nichts», sagte mein Vater. «Es hört nichts, und es fühlt auch nichts.»

«Aber wie kann es sich dann allein bewegen?»

«Jemand fährt es.» Ich war noch ratloser.

«Schau, hier neben den Häusern kannst du entlanggehen.»

«Aber hier sind überall Menschen.»

«So ist es nun einmal in der Stadt.»

Mein Vater lief die Straße entlang, die Menschen wichen ihm aus, er wich ihnen aus. Ich folgte ihm, duckte mich, streckte mich und sah mich um, atemlos, neugierig, überwältigt von dem Neuen, das noch viel großartiger und bunter war, als ich es mir vorgestellt hatte. Und doch vermisste ich schon die Weite und Stille der Steppe. Nie zuvor war ich von mehr Menschen umgeben gewesen als meiner Familie. Das Treiben war mir unheimlich. «Bleib bei mir», sagte mein Vater. «Lauf nicht weg.» Mal nebeneinander, oft hintereinander gingen wir die Straße entlang. Meine Füße schmerzten, meine Knie waren steif. «Wir werden in einem Restaurant essen», sagte mein Vater. Ich schwieg; ich wollte nicht schon wieder fragen, was das bedeutete.

Wir erreichten ein Haus, in dem Menschen saßen, doch sie saßen nicht auf dem Boden, sondern auf Hockern. Einige hielten dampfende Schalen in der Hand, andere hatten sie auf ein hölzernes Brett gestellt. Ich tat, was mein Vater tat, und setzte mich auf einen Hocker. «Iss auf keinen Fall Fleisch», raunte er. «Man weiß hier nie, ob es frisch ist.»

Ich nickte und war froh zu sitzen. Eine Frau brachte Milch und Reis. Der Reis war braun und schwamm in einer Flüssigkeit, die stank. Ich nahm stattdessen einen Schluck Milch. Sie schmeckte wässrig. «Du hast meine Milch verdünnt», rief ich der Frau hinterher.

«Stimmt das?» Mein Vater griff nach dem Glas. Wenn wir zu Hause die Schafe, Ziegen und Kühe molken, schäumte die Milch, war frisch und warm und köstlich. Oft schmeckte man noch das Aroma der Kräuter, mit denen wir die Schalen und Milchgefäße gereinigt hatten. Manchmal war die Milch fett, dann half sie gegen den Hunger; bei manchen Tieren war sie magerer, dann löschte sie den Durst. Aber das, was man uns hier anbot, schmeckte wie die Milch, die meine Mutter mit Wasser streckte, wenn Dürre herrschte.

Mein Vater kostete und wurde böse. Er rief: «Ich verlange mein Geld zurück!»

Später führte mein Vater mich zu einer unfreundlichen Frau, die nicht viel sprach und uns Schlafplätze in ihrem Hof zuwies. Der Boden war kalt und hart. Wie damals, in jenem Dorf am Fluss bei meiner Tante gab es ein Plumpsklo, und diesmal bestand mein Vater darauf, dass ich lernte, es zu benutzen. Der Gestank, der mir entgegenschlug, war fürchterlich. Ich hielt die Luft an, hockte mich über das Loch im Boden und beeilte mich sehr mit meinem Geschäft. Die Frau hatte mehrere Kinder, die im Hof herumliefen. Sie waren schmutzig und frech und allesamt kleiner als ich, weswegen ich mich nicht weiter mit ihnen abgab. Ich erzählte ihnen nur, dass ich auf dem Weg in die große Stadt zu meinem berühmten Onkel sei. «Kennt ihr meinen Onkel?»

Stumm sahen sie mich an und schüttelten die Köpfe.

Der Lastwagen war riesig und voller Menschen, die schoben und drängelten. Jeder versuchte, sich an jedem vorbeizuschieben. Frauen wurden hinaufgewuchtet, Kinder hochgereicht, es gab keine Leiter, nichts, woran man sich festhalten konnte. Überall lagen Getreidesäcke, und zwischen den Säcken standen Ziegen und Schafe. Man hatte ihnen die Beine zusammengebunden. Ein Mann lief neben dem Lastwagen auf und ab, in der Hand eine Liste, er rief Namen und Zahlen, doch niemand beachtete ihn, alle waren damit beschäftigt, einen Platz auf der Ladefläche zu finden. Die Sonne schien heiß, ich schwitzte. Der Fahrer brüllte etwas, was ich nicht verstand, und hupte laut und lange. Dann ließ er den Motor an, und eine schwarze Wolke hüllte uns ein. Sie duftete fremd, wie ein Versprechen. Der Lastwagen ruckte und wackelte, dann bewegte sich das Auto. Ich griff nach dem Geländer und hielt mich fest, rutschte dann gegen eine dicke Frau, die lachte und mich unsanft zur Seite schob. Unvermittelt bremste der Fahrer, und alle Kinder und Ziegen und Hirsesäcke und Frauen und Männer flogen durcheinander. «Alle absteigen!», schrie der Fahrer.

«Warum?», rief ein Mann, und auch ein anderer beschwerte sich. Eine Gruppe Frauen schimpfte, doch der Fahrer bestand darauf, dass alle Fahrgäste von der Ladefläche kletterten. Mit scharfer Stimme gab er Anweisungen, und die Männer begannen erneut, die Säcke zu verladen, und diesmal gaben sie Acht, dass der LKW nicht in Schieflage geriet. Mein Vater zupfte an seinem roten Bart und kaute geröstete Kaffeebohnen. Er sagte: «Es wird wackeln. Du musst dich an mir festhalten, vor allem, wenn du müde wirst, sonst fällst du im Schlaf von der Ladefläche.» Dann gab er mir eine Dose, die eine alte Frau fortgeworfen und deren Kanten er mit einem Stein geglättet hatte. «Wenn du spucken musst, nimm diese Dose.» Ich umklammerte die Dose und sah weiter zu, wie die Männer die Säcke von einer Seite zur anderen hievten. Eine Frau hockte im Sand, in der Hand hielt sie ein Huhn. Ab und zu flatterte es mit den Flügeln, ein hoffnungsloser Versuch, jedes Mal schlug die Alte ihm mit der Hand auf den Kopf. «Am besten setzt du dich direkt hinter die Fahrerkabine», flüsterte mein Vater. Ich nickte stumm.

Als der Fahrer das Kommando gab, stürzten alle auf die Ladefläche zu. Mein Vater hob mich hoch, und ich kletterte

über die Seitenwand, lief um die Säcke herum und hockte
mich hinter die metallene Wand. Mit Händen und Füßen
verteidigte ich diesen luxuriösen Platz, bis mein Vater kam.
Die meisten Fahrgäste waren Männer, nur wenige Frauen
fuhren in die Stadt. Eine hatte ein Kind bei sich, das wie betäubt in den Armen seiner Mutter lag. Die Männer kauten
Kautabak. Der Fahrer hupte, und als endlich Frauen, Männer, Kinder, Ziegen, Schafe und Säcke verstaut waren, gab
er ein paarmal Gas, dann rollte der Lastwagen los. Ächzend
rumpelten wir durch die Straßen. Ich sah, wie Menschen
zur Seite traten und Platz machten. Die Stadt verschwand
hinter einer Säule von Rauch und Staub.

Vier Tage fuhren wir so durch unwegsames Gelände,
über zerfurchte Straßen und holprige Wege. Als der Fahrer
zum ersten Mal anhielt, hob mich eine Frau von der Ladefläche. Im Sand hinter einem Dornenstrauch hockend,
spürte ich, wie mein Körper noch im Rhythmus der Rüt-
telpisten zitterte. Die Luft war heiß und staubig, und der
Husten kratzte in meinem Hals. Sand und Fliegen flogen
mir entgegen und stachen auf der Haut. Die Männer redeten, kauten Tabak und spuckten. Manchmal stand der
Wind ungünstig, dann landete Spucke auf einem Arm, einem Bein, einer Wange. Das kranke Kind weinte, und die
Frau musste es über das Geländer halten, wenn es sich übergab. Jedes Mal, wenn wir uns einer Baumgruppe näherten,
lehnte sich der Fahrer aus seinem Führerhäuschen, brüllte
«Achtung!», und alle zogen die Köpfe ein. Dann schossen
die Äste auch schon über uns hinweg. Einem Mann riss es
ein Stück seines Ohrläppchens ab, weil sein Ohr sich an
einem Zweig verfangen hatte. Der Lastwagen stürzte durch

82

Schlaglöcher von der Größe eines Tümpels, die Menschen schossen von ihren Sitzplätzen hoch, krachten wieder auf die Ladefläche, flogen zur Seite und taumelten hin und her. Mein Vater griff nach meiner Dose.

Von der Ladefläche herab schaute ich auf die Landschaft, die sich bis zum Horizont erstreckte. Ab und zu passierten wir ein Dorf. Manchmal waren die Häuser aus Stein, manchmal aus Lehm. Ich sah lederne Dächer, die über die Mauern gespannt waren. Büsche leuchteten merkwürdig rot in der Sonne. Als wir dicht an ihnen vorbeifuhren, erkannte ich, dass es roter Staub war, der sich auf ihre Blätter gelegt hatte. Von Zeit zu Zeit kam uns ein Lastwagen entgegen, und die Fahrer bemühten sich mit viel Geschrei, ihre Fahrzeuge aneinander vorbeizusteuern, ohne dass einer die tiefe, in den Sand gefahrene Spur verlassen musste und seinem LKW womöglich die Achse brach. Ich sah Nomaden, die ihre Kamele zurückhielten, damit sie nicht scheuten, aufgeschreckt vom Lärm des Lastwagens, und ich winkte und rief und fragte die Nomaden, ob sie meine Familie kannten und wer sie waren. Mein Vater sah mich an. «Wie klein deine Welt ist», lachte er.

Der Staub kroch in jede Körperöffnung und juckte. Der Fahrer hielt selten an, denn er kaute Katt, Blätter eines Strauches, deren Saft aufputscht, doch wenn er einmal anhielt, stiegen wir ab und kauften Tee. Mein Vater schimpfte, weil der Tee so dünn war und die Verkäufer am Zucker sparten. Als wir an einem Holzverschlag hielten, um zu tanken, lehnte ich mich über das Geländer und sah zu, wie ein Mann einen dicken Schlauch in ein Loch an der Seite des Lastwagens steckte. Er stellte sich ungeschickt an, denn immer wieder kleckerte Benzin auf den Boden. Ich atmete tief ein. Ich mochte diesen fremden, ein wenig scharfen Duft.

Jedes Mal, wenn der Fahrer den Motor anließ, erklang ein tiefes Brummen, ein Rasseln und Klopfen, ein Geräusch wie Musik, wie Schläge auf Trommeln, ich lauschte dem Rhythmus und spürte in meinem ganzen Körper ein Vibrieren. Wir fuhren durch Städte, in denen die Straßen asphaltiert waren, auch ihren Duft sog ich ein, den köstlichen, herb-würzigen Geruch von Asphalt. Vor Aufregung konnte ich nichts essen, und wie allen anderen taten mir sämtliche Knochen im Leib weh. Meine Gelenke schmerzten. Irgendwann sah ich Dünen am Horizont. Überwältigt und müde schlief ich ein.

Abends hielt der Fahrer in einem Dorf. Die Tiere wurden abgeladen, gefüttert und getränkt, und die Menschen breiteten ihre Matten im Sand aus, obwohl er hier längst nicht so sauber war wie in der Steppe. Zwei Männer bewachten die Ladung, während die Wasservorräte aufgefüllt wurden. Man band die Ziegen für die Nacht an einem Balken fest. Sie taten mir Leid, denn mit ihren zusammengebundenen Beinen konnten sie sich kaum bewegen. Manche hatten sich schon ganz wund gescheuert, und sie meckerten und jammerten. Kein Nomade, dachte ich, würde sein Vieh so behandeln.

Vor einem Schlagbaum standen Soldaten. Sie trugen Uniformen und Gewehre und forderten uns auf, unverzüglich auszusteigen. Der Fahrer beschwerte sich, er lasse sich nicht wie ein Verbrecher behandeln, doch die Soldaten fuhren ihn grob an, den Mund zu halten. Einige durchsuchten das Führerhaus des Lastwagens, andere kletterten mit vorgehaltenen Waffen auf die Ladefläche. Mein Vater warnte mich, nur ja leise zu sein. Alle waren froh, als wir weiterfahren durften.

Schließlich erreichten wir Somalias Hauptstadt Mogadischu.

Schnurgerade zogen sich hier die Asphaltstraßen dahin. Links und rechts standen Häuser, die von Wiesen umgeben waren, überall wuchsen Bäume. Ranken mit bunten Blüten kletterten an Hauswänden hoch, und das viele Grün blendete mich. Die Häuser waren in bunten Farben gestrichen, gelb und blau; alles, einfach alles war bunt. Die Straßen waren voller Menschen und Autos, nirgendwo sah ich ein Tier. Ich entdeckte hohe Holzmasten, von denen Seile zu den Hauswänden führten, und fragte mich, wozu diese Seile wohl dienten. Hängten die Leute dort Wäsche auf oder ihr Trockenfleisch?

Ich bedrängte meinen Vater. Ich wollte alles wissen und begreifen.

Aber er schüttelte nur den Kopf und sagte: «Ich weiß nicht, Kind, wo all diese Menschen herkommen, wo sie hingehen, wie sie heißen, wer ihre Familien sind. Ich kann es nicht wissen.» Ich verstand das nicht. Bislang hatte mein Vater doch alles gewusst!

Der Lastwagen bog in eine noch größere Straße ein. Hier fuhren die Autos nebeneinander, hupten und drängelten wie nervöse Ziegen. Es gab große Autos und kleine Autos, und ich fragte mich, ob die kleinen Autos die Kinder von den großen waren. Mitten im Gewühl bewegte sich ein Esels-

karren, und einen Moment lang tat mir der Esel furchtbar
Leid, so inmitten der vielen Autos und des Lärms.

Dann verschlug es mir den Atem.

Am Ende der Straße stand ein Mann, groß, wie ich noch
nie einen Menschen gesehen hatte, riesenhaft, dass er alles
überragte. Er war vollkommen schwarz, auch das Tuch, das
er um seine Hüfte geschlungen hatte, war schwarz. Starr
schaute der Mann hinab auf die Straße, die Menschen, die
Autos, den Esel.

«Was ist das, Papa?», flüsterte ich.

«Eine Statue.»

«Was ist eine Statue? Und was tut der Mann? Schau mal,
er hält etwas in der Hand. Einen Stein? Wird er mit dem
Stein nach uns werfen?»

«Er lebt nicht. Die Menschen haben ihn aus Stein gebaut.»

Ich sah von meinem Vater zu der Statue und wieder zu
meinem Vater. Einen Moment lang zweifelte ich an ihm.
Und jetzt fuhr der Lastwagen auch noch direkt auf den steinernen Mann zu! Ich bekam Angst. Er wurde immer größer, schwebte über meinem Kopf, schon fiel sein Schatten
auf mich – was, wenn er umfiel?

Warum war er so unbeschreiblich groß?

Was für einen Sinn hatte es, Menschen aus Stein zu
bauen?

Ich schloss die Augen.

Als ich sie wieder öffnete, war der Mann nicht mehr zu
sehen. Mir blieb keine Zeit, weiter über ihn nachzudenken,
denn in den Straßen wimmelte es, dass ich nicht wusste, wo
ich zuerst hinschauen sollte.

Hupend bog der Lastwagen um eine Straßenecke und bremste. Mit einem Stottern und Rucken erstarb der Motor. Der Fahrer brüllte etwas, was ich nicht verstand, doch alle erhoben sich, auch mein Vater. «Wir sind da, Kind.» Sein rotes Haar leuchtete in der Sonne. Er sah müde aus.

Hinter mir drängten Männer von der Ladefläche, Frauen riefen, Ziegen meckerten und stießen mit ihren Hörnern. Jemand begann, die Säcke abzuladen, ein Mann schrie, dann ein anderer. Sie stritten um die Säcke, die alle gleich aussahen. Niemand wusste mehr, wem was gehörte. Ein Sack fiel zu Boden und platzte auf. Das Getreide rieselte auf die Straße. Kleine Jungen liefen herbei; wo waren sie so schnell hergekommen? Mit bloßen Händen, manche auch mit Schalen, schöpften sie das Getreide, füllten es in ihre Taschen und Tücher. Die Männer schrien und schlugen nach den Jungen. Manche liefen fort, andere schöpften weiter, manche kamen zurück, andere bettelten. Die Ziegen meckerten, Autos rasten vorbei. Der Fahrer brüllte, was sich seltsam anhörte, denn er hatte seinen Mund voll mit Katt gestopft. Grüner Saft rann aus seinem Mundwinkel. Das kranke Kind weinte. Mein Vater zog mich hinter sich her, und wir bogen in eine Seitenstraße. Hier war es ruhiger, doch ständig stießen uns die Leute an, Ellenbogen trafen meinen Kopf, fremde Beine stießen gegen meine, niemand sah sich um. Niemand nahm Rücksicht. «Pass doch auf», rief eine Frau, «schmutziges Landmädchen!»

Ich starrte ihr nach. Warum war sie nur so unfreundlich zu mir?

Mein Vater lief schweigend weiter und zog mich in eine Gasse. Meine Beine schmerzten schon. «Bleib hier sitzen und warte auf mich», sagte er und hob mich auf eine Tonne vor einer Hauswand. Auf der anderen Straßenseite saßen Menschen, einige hatten Tiere bei sich, andere Säcke und Körbe mit Früchten. «Beweg dich nicht von der Stelle, egal, was geschieht. Ich komme gleich wieder.» Bevor ich etwas entgegnen konnte, verschwand er im Gedränge.

Die Hauswand war kühl, und ich lehnte mich mit dem Rücken gegen die Mauer. Ständig landeten Fliegen auf meinen Beinen. Sie krochen über meine Arme und mein Gesicht. Von der anderen Straßenseite her zogen schwere Gerüche herüber, die Luft war feucht und flirrte vor Hitze. Ich beobachtete die Frauen. Alle trugen sehr schöne Gewänder, keine Wickeltücher, sondern weite Kleider aus dünnem Stoff, die sie sich offenbar überwarfen, nichts an ihnen musste gebunden, geschlungen oder geknotet werden. Der Stoff reichte bis auf den Boden. Das war für eine Nomadin allerdings sehr unpraktisch. Wie sollte man in so einem Kleid den Ziegen hinterherrennen? Mein Magen begann zu knurren. Ich versuchte mich zu erinnnern, wann ich zuletzt einen Happen gegessen hatte, doch ich konnte es nicht mehr sagen. Vorsichtig rutschte ich von der Tonne und überquerte die Straße. Ich sah mich um; würde mein Vater zurückkommen, würde ich ihn noch sehen. Ich schlenderte an den Menschen auf ihren Matten und Tüchern vorbei. Auf einem Brett lagen silberne Tiere, klein und sehr flach, manche bewegten sich noch, und sie zappelten. «Was ist das?», fragte ich einen Jungen, der neben dem Brett hockte und mit einem Messer einen Stock spitzte. Der Junge sah mich an, als habe er mich nicht verstanden. «Das sind Fische», sagte er dann. «Du bist ja ziemlich dumm.»

«Ich bin nicht dumm. Und deine Fische – die stinken!»
Ich ging weiter. Etwas abseits lagen rote Früchte im Sand.
Sie waren rund, ihre Haut war sehr glatt, und sie sahen
köstlich aus. Ich nahm eine, streichelte sie und schnupper-
te daran. «Hey», schrie eine Frau. «Leg sofort die Tomate
wieder hin!» Erschrocken ließ ich die Frucht fallen. «Du
hast doch bestimmt kein Geld, so, wie du aussiehst!» Die
Stimme der Frau war schrill, sie klang wie eine Ziege während einer schweren Geburt. «Geld?», rief sie, als sei ich
taub, beugte sich herab, ein böses Grinsen auf ihrem Gesicht. Sie schwitzte. Ich konnte die Schweißperlen auf ihren
Nasenflügeln sehen. In der Hand hielt sie einen Stock. Ich
machte, dass ich fortkam.

Noch nie hatte mich jemand daran gehindert, eine
Frucht zu essen!

Ich kehrte zurück zu der Tonne. Mein Vater war nir-
gends zu sehen. Ich setzte mich, zog mir mein Tuch über
den Kopf, um mich vor der Sonne zu schützen, und wartete. Ich schwitzte mittlerweile sehr, doch ich wagte es nicht,
diesen Ort zu verlassen.

Die Zeit verging.

Irgendwann stand die Sonne senkrecht am Himmel. Die
Menschen auf der anderen Straßenseite nahmen ihre Tiere
und ihre Früchte und rollten ihre Matten zusammen. Zurück blieben ein leerer Platz und der Gestank von totem
Fisch. Nirgendwo ein Fleck Schatten! Ich hatte Durst, und
der Husten stach in meinem Hals. Ich begann mir Sorgen
zu machen. War meinem Vater etwas zugestoßen? Hatte
er sich verirrt? Wie sollte ich allein meinen Onkel finden?
Eine Gruppe Jungen kam die Straße hinauf. Sie durch-

wühlten die Kisten am Rand des Platzes. Dann entdeckten sie mich. Ihr Anführer bückte sich und hob etwas auf. Er war viel größer als ich, sehr dünn, und seine Zähne waren ganz braun, das konnte ich sogar aus der Entfernung erkennen. Er holte aus und warf einen Stein nach mir. Aber er traf nur die Tonne, und es schepperte. Ein anderer Junge warf den nächsten Stein, dann noch einer und noch einer. «Landmädchen!», riefen sie. «Nomadenkind!»

«Du bist ein dreckiges Nomadenmädchen!», schrie der Anführer und hob einen noch größeren Stein auf. Ich duckte mich, doch ich traute mich nicht wegzulaufen. Die Steine trafen meine Arme, meine Füße. In diesem Moment kam ein schwarzgelbes Auto die Straße hinabgerast. Sofort stoben die Jungen auseinander. Quietschend hielt das Auto, eine Tür flog auf, mein Vater stürzte heraus, rannte auf mich zu und umarmte mich. Bevor ich etwas sagen konnte, hob er mich von der Tonne, lief zurück zu dem schwarzgelben Auto und setzte mich auf die Rückbank. Der Fahrer fuhr sofort wieder los.

Draußen flogen Häuser vorbei, Menschen, andere Autos. Alles verschwamm vor meinem Gesicht. Der Wagen raste, schneller, als ich laufen konnte, noch nie hatte ich mich so schnell fortbewegt. Mein Vater sagte etwas zu dem Fahrer, der lachte, hupte und gestikulierte. Er schien überhaupt keine Angst zu haben. Ich biss mir auf die Lippe. Steif und gerade wie ein Baumstamm saß ich auf der Rückbank und fuhr zum ersten Mal in meinem Leben Taxi.

Lachend wandte mein Vater sich um und sah mich an. «Ich bin wirklich sehr vergesslich», japste er, und sein roter Bart bebte vor Heiterkeit. Er erzählte, dass er Geschenke für unsere Verwandten gekauft und dann ein Taxi bestiegen hatte, um ans andere Ende der Stadt zum Haus meines Onkels zu fahren. Dort angekommen, hatte er gesagt: «Komm, Kind.» Der Fahrer hatte ihn erstaunt angesehen – da erst hatte mein Vater bemerkt, dass er seine Tochter im Durcheinander der großen Stadt vergessen hatte.

IN MOGADISCHU

• • •

• DREI •

ER HATTE DIE GLEICHEN WUNDERSCHÖNEN FÜSSE wie mein Vater, groß und feingliedrig, mit langen Zehen, hellen Nägeln und einer kraftvollen Ferse. Sie steckten in Sandalen, deren lederne Riemen sich über den Spann schmiegten, eine silberne Schnalle schimmerte am Knöchel. Die Sohlen sahen weich aus wie der Sand der Dünen. Diese Füße gingen jetzt an mir vorüber, beinahe geräuschlos.

Ihr Träger sah mich nicht.

Der Wachmann lief vor und fuhr das Auto in den Schatten. Mein Onkel verschwand. Eine Tür fiel zu, und Stille füllte den Garten. Es war, als sei ich einer Erscheinung begegnet. Nur das Parfüm, das in der Luft hing, zeugte davon, dass er wirklich vorbeigegangen war.

Seit dem Morgen saß ich schon im Garten, im Schatten eines Baumes, umgeben von Sträuchern und duftenden Blumen. Sie strahlten gelb und orange und rosa, sie sahen kraftvoll aus und prall, ich hätte hineinbeißen mögen. Als der Wachmann nicht zu sehen war, leckte ich mit der Zunge über kühle Blütenblätter und schmeckte ihre Süße. Ein Gewächs, mannshoch und voller leuchtend blauer Köpfchen, blau wie der Himmel, genau wie mein Tuch, zog mich unwiderstehlich an. Ich betrachtete es und befühlte neugierig seine Blätter. Zu gern hätte ich eine Blüte gepflückt, um sie meiner Mutter zu zeigen. Der Wachmann hatte gesagt, mein Onkel sei zur Arbeit gefahren und komme am Mittag zurück, woraufhin mein Vater ihn gebeten hatte, auf mich Acht zu geben, denn er wollte weitere Verwandte besuchen. Irgendwann hatte der Wachmann gefragt: «Möchtest du Zeitung lesen?»

Ich hatte genickt. Ich wollte mich nicht schon wieder blamieren.

Die Zeitung bestand aus mehreren großen Bogen Papier, die knisterten und raschelten, wenn man sie bewegte. Alle Seiten waren übersät von Zeichen. Ich suchte nach den Buchstaben, die der Lehrer in der Koranschule auf seine Tafel gemalt hatte, fand aber keinen von ihnen. Zwischen den Buchstaben waren Bilder, Bilder von Menschen, und als ich das erste entdeckte, erschrak ich. Einen Augenblick rechnete ich damit, der Mann würde sich bewegen, zu mir sprechen, mit seinen Fingern auf mich zeigen. Ich erinnerte mich an die schrecklich große Statue. Und an das Radio meines Vaters, ein heiliges Ding, das er auf seine Wanderungen mitgenommen und zu Hause in einer extra angefertigten Tasche verwahrt hatte. Ich hatte den kleinen Kasten auf den Kopf gestellt, an den Knöpfen gedreht, ihn geschüttelt und die Menschen darin gesucht, die zu mir sprachen und sangen. Sie mussten sehr klein sein, sonst hätten sie nicht hineingepasst. Aber wer gab ihnen zu essen? Ich hatte das Radio an meinen Mund gepresst und hineingerufen: «Habt ihr Hunger?» Meine Schwester Khadija lachte mich aus und sagte, ich sei dumm, da seien doch keine Menschen drin. Woher die Stimmen kamen, konnte sie mir jedoch auch nicht erklären.

«Das ist unser Präsident», sagte eine Stimme. Es war der Wachmann, ich hatte ihn schon ganz vergessen. «Du kennst doch unseren Präsidenten?» Ich nickte vorsichtshalber. Sein Finger zeigte auf ein Foto. Der Mann auf dem Bild trug eine Mütze und ein Gewehr, doch er war klein, viel kleiner als ich, nicht sehr beeindruckend.

«Und das ist die somalische Nationalflagge.»

Wieder nickte ich.

«Hier hast du einen Stift. Male ein bisschen.» Der Wachmann rückte seinen Gürtel zurecht und wischte sich mit der Hand über die Stirn. Er lächelte. Ich nahm den Stift.

Also begann ich, die Buchstaben in der Zeitung nachzuzeichnen, folgte ihren Linien, Bogen, Punkten. Ich gab mir Mühe, nicht abzurutschen mit dem Stift und keine hässlichen Flecken zu machen, möglichst ordentlich zu schreiben, so wie ein Schulkind. Doch der Stift lag wie ein Fremdkörper in meiner Hand. Die Knöchel meiner Finger waren längst zu steif, als dass sie den Stift fest hätten umschließen können. Ich war so vertieft, dass ich erst aufsah, als ich ein Lärmen hörte, inzwischen ein bekanntes Geräusch für mich. Ein Auto fuhr die Auffahrt hinab. Hinter dem Steuer saß mein Onkel. Er trug ein weiß leuchtendes Hemd, und seine Haare waren feucht. Langsam rollte er vorbei, das Fenster halb heruntergekurbelt. Er warf einen Blick auf mich, dann auf die Zeitung. Wieder roch ich sein Parfüm. Ich sah seinen Bart, seine weichen Lippen, die grauen Haare, und beinahe hätte ich gelacht. Mein Vater hatte gesagt, sein Bruder sei jünger – wie konnte er da graue Haare haben? Der Wachmann lief, um das Tor zu öffnen. Mein Onkel gab Gas und fuhr davon. Er wusste offenbar nicht, wer ich war. Wahrscheinlich hielt er mich für eine Bittstellerin, jemand, um den andere sich kümmern sollten.

96

Am späten Nachmittag kehrte das Auto zurück. Der Wachmann öffnete das Tor. Ich sah von meiner Zeitung auf. Mein wunderschöner Onkel stieg aus seinem Wagen, ging über den Rasen, die Jacke seines Anzugs über dem Arm, in der Hand eine Tasche. Er sah eleganter aus als alle Menschen, die ich je gesehen hatte, so als sei er nicht von dieser Welt. Der Wachmann begann umgehend, das Auto zu waschen, bespritzte es mit Wasser, rieb und schrubbte und erinnerte mich in seinem Eifer an meinen Vater und die anderen Männer, wenn sie unsere Kamele pflegten. Plötzlich hielt mein Onkel inne und sah zu mir herüber. Er zögerte. Dann kam er auf mich zu. Als er vor mir stand, konnte ich seine schönen Füße von nahem sehen. Er neigte seinen Kopf und fragte: «Wer bist du?»

Ich ratterte meinen Stammbaum herunter. «Ich bin Fadumo Abdi Hersi Farah Husen!» Die Empörung, die sich über den Tag hinweg aufgebaut hatte, entlud sich. «Und wer bist du?», fragte ich, «dass du nicht einmal die Kinder deines Bruders kennst?» Ich war zu verletzt, um mich sittsam und respektvoll zu benehmen. Der Onkel lächelte amüsiert. Sein grauer Bart bedeckte das Kinn und kroch an beiden Seiten hoch bis zu den Ohren, ließ jedoch die Wangen frei. Es sah aus, als umrahme er das Gesicht.

Mein Onkel deutete auf die Zeitung. «Was machst du da?»

«Das siehst du doch, ich lese!» Onkel Abdulkadir griff nach der Zeitung, betrachtete die nachgemalten Buchstaben, sein Lächeln wurde breiter, schließlich lachte er. Die Seiten leuchteten blau in der Sonne; ich hatte keinen ein-

97

zigen Buchstaben ausgelassen. Er fuhr sich mit der Hand über das Haar, dann sagte er: «Möchtest du zur Schule gehen?»

Am 1. Juli 1960 wurde die Republik Somalia gegründet; zuvor hatten europäische Kolonialmächte, darunter Italien, Großbritannien und Frankreich, die Gegend am Horn von Afrika unter sich aufgeteilt. Neun Jahre später, 1969, stürzte das Militär die Regierung, und der neue Präsident, General Siad Barre, mein Onkel, rief die Sozialistische Republik Somalia aus.

Das Land veränderte sich, mit Unterstützung der Sowjetunion, nach sozialistischem Vorbild: Parteienverbot, politische Erziehung, allgemeine Schulpflicht, einheitliche Schriftsprache, Alphabetisierungskurse, Entwicklungskampagnen, die Gleichstellung der Frauen. Die neue Regierung ging gegen das in Somalia herrschende Clanwesen und die Vetternwirtschaft vor; doch auch Siad Barre besetzte wichtige Posten mit Familienmitgliedern.

Onkel Abdulkadir, ein Halbbruder meines Vaters, war als Kind von einem Verwandten nach Mogadischu geholt und zur Schule geschickt worden. Später studierte er in den Niederlanden Agrarwirtschaft. 1969 kehrte Onkel Abdulkadir nach Somalia zurück. Präsident Siad Barre übertrug ihm das Druckereiwesen und damit die Kontrolle über Tageszeitungen, Pässe, Schulbücher, Propagandamaterial. Onkel Abdulkadir vergrößerte die Staatsdruckerei, ließ das Personal in der DDR ausbilden, kaufte moderne Maschinen in Deutschland und reiste oft nach Europa. Onkel Abdulkadir war kein Politiker. Er war ein Fami-

98

lienmensch, und als solcher nahm er die Herausforderung
an, die der Präsident ihm übertrug.

Im Haus meines Onkels lebten sechs Menschen: er, seine
Frau Madeleine, ihre Tochter Idil und ihr Sohn Qamaan
sowie zwei angenommene Kinder, Saida und Ahmed. Jedes
einzelne der Zimmer war größer als die Hütte, die ich mit
meinen Eltern und Geschwistern in der Steppe bewohnt
hatte.

Onkel Abdulkadir führte mich ins Zimmer meiner Cousinen. Zwei große Fenster zeigten in den Garten, doch nir-
gends sah man den Horizont, überall waren nur Mauern.
«Warum lebt ihr denn so eingesperrt?», fragte ich. Onkel
Abdulkadir lachte, ebenso Saida und Idil, doch ihr Lachen
klang weniger freundlich. Unter der Decke drehte sich ein
Flügel. «Was ist das?», fragte ich.

«Ein Ventilator.»

«Wer bewegt ihn?»

«Niemand. Er bewegt sich elektrisch, mit Hilfe von
Strom.»

Die Antwort machte mich ratlos.

Im Erdgeschoss gab es eine Einbauküche. «Ich habe sie
beim Quelle-Versand bestellt», erklärte Onkel Abdulkadir.
«In Deutschland.» Ich begriff nichts, doch mein Onkel
schien sehr stolz zu sein. «Schau», rief er. «Ein Herd. Und
eine Spüle. Und …» Er trat beiseite, damit ich sehen konnte. «Ein Kühlschrank!» Onkel Abdulkadir öffnete eine Tür.
Ein eisiger Hauch strich über meine Arme, plötzlich war es
in dieser Küche kälter als nachts in der Steppe. «Hast du
Durst?», fragte er. Ich nickte. Er füllte ein Glas und reichte

es mir, und ich nahm einen Schluck. Es war, als würde mein Mund explodieren! Ich spuckte die Flüssigkeit auf den Boden und schrie: «Willst du mich töten?» Meine Cousins und Cousinen bogen sich vor Lachen. Onkel Abdulkadir versuchte mich zu beruhigen. «Das ist nur Wasser», sagte er. «Mit Eiswürfeln.»

«Das ist kein Wasser», schimpfte ich.

Ich war verwirrt. Überwältigt. Beeindruckt.

Im Bad fiel Wasser wie Regen von der Decke, und man sagte mir, ich solle mich darunter stellen, um mich zu waschen. Die Toilette sah aus wie ein Hocker, doch in der Mitte war ein Loch. Ich fürchtete hineinzufallen und hatte Angst, dass eine Hand herausschnellte und nach mir griff. Man zeigte mir eine Strippe, an der ich ziehen sollte. Wenn ich es tat, schoss Wasser aus einem Kasten an der Wand. Erschrocken sprang ich zur Seite. Mitten im Raum stand ein Sarg, allerdings aus Metall, nicht aus Holz, man konnte sich hineinsetzen und baden. Überall sprudelte Wasser, sauberes, klares, kühles Wasser. Nie war es braun, nie war Erde darin oder gar ein Lehmklumpen, nie war es schal oder von der Sonne aufgeheizt. Ich trank, bis es in meinem Bauch blubberte, schöpfte mit beiden Händen, schlürfte, spritzte, führte einfach so zum Spaß, obwohl ich längst keinen Durst mehr hatte, Wasser an meine Lippen, nippte, leckte, ließ es über meine Zunge rinnen.

Es war, als wäre ich in einem anderen Universum gelandet.

Ich bestaunte das Leben der Stadtmenschen, und das Staunen hörte nicht auf. Ich lernte, dass man einen Schalter drückte und Licht erstrahlte. Inmitten tiefster Nacht konnten die Stadtmenschen sehen, sie waren vollkommen unabhängig von der Sonne. Sie hatten sandweiche Füße, die Haut ihrer Hände war zart wie das Fell eines Kätzchens, Stacheln und Dornenbüsche hatten sie nie berührt. Die Frauen wuschen täglich ihr Haar, kämmten es, schmückten ihre Gesichter mit bunten Stiften und bestäubten sich mit duftenden Wässerchen. Sie aßen meterlange dünne Nudeln mit roter Soße und benutzten dazu Werkzeuge aus Metall. War ich allein mit meinen Cousinen, zupften sie an meinem Tuch und kicherten und erzählten von fremden Ländern und von Mathematik. «Du kannst ja nicht einmal rechnen», lästerte Saida, die Ältere.

«Ich kann fünf von sieben abziehen», konterte ich und verstand nicht, warum sie losprusteten.

Ein Arzt verschrieb mir eine Medizin gegen den Husten, und das Kindermädchen brachte mir mehrmals am Tag einen Teller mit in Scheiben geschnittenen Mangos und Papayas. Der Chauffeur fuhr mich zur Schneiderin.

Sie war eine dicke alte Frau, die mich mit gerunzelter Stirn minutenlang musterte. Dann gab sie ein Geräusch von sich, so, als stieße sie Luft zwischen ihren Vorderzähnen hindurch. «Das Kind ist ja nur Haut und Knochen», sagte sie. Es klang, als sei das etwas sehr, sehr Schlimmes. Seufzend griff sie nach einem Stab und zog an meinem Wickelrock. Ich fürchtete, sie wolle ihn mir wegnehmen, und hielt ihn fest. «So kannst du nicht zur Schule gehen», schnaubte die fremde Frau. «Du brauchst eine Schuluniform.» Mit dem Stab maß sie die Länge meiner Arme und Beine.

Als Rock und Bluse geliefert wurden, erschrak ich: Der

Rock reichte gerade bis zum Knie! «So kann ich nicht auf die Straße gehen», weinte ich. «Ich bin eine Dame. Ich bin bald alt genug, um zu heiraten, ich brauche einen langen Rock.» Onkel Abdulkadir sorgte also dafür, dass er ein paar Zentimeter verlängert wurde. So ausstaffiert, schickte man mich in die Schule. Vor lauter Freude, nicht mehr hinter Ziegen herrennen und von morgens bis abends arbeiten zu müssen, lernte ich im Handumdrehen sämtliche arabischen Buchstaben, dazu die lateinischen sowie die Zahlen.

Nun staunten alle über mich.

Als drei Monate später die Ferien begannen, ließ mein Onkel mich in ein Krankenhaus einweisen. Die Ärzte diagnostizierten Untergewicht, aber keine Tuberkulose. Sie verordneten Vitamine und wiesen mich an, mehr zu essen; dann würde, mit Allahs Hilfe, alles gut und doch noch eine schöne junge Frau aus mir. Mehrmals am Tag kamen Pflegerinnen und gaben mir Spritzen. Fast alle Kinder weinten, wenn sie Spritzen bekamen, doch ich war tapfer, biss die Zähne zusammen und wurde dafür gelobt. Ich freundete mich mit den Schwestern an, sie nahmen mich mit auf ihre Rundgänge und ließen mich Medikamente verteilen. Sie brachten mir bei, wie man spritzte; bald pikste ich mir die Nadeln selbst in die Haut und brüstete mich damit vor den anderen Kindern. Nach sechs Wochen entließ man mich, ein paar Kilo schwerer und nahezu frei von Schmerzen, aus dem Hospital. Unterdessen war mein Vater nach Hause in die Steppe zurückgekehrt. Das machte mich sehr traurig. Ich brannte darauf, meiner Mutter zu zeigen, was ich in der Schule gelernt hatte. Doch Onkel Abdulkadir hatte entschieden, dass ich vorläufig in Mogadischu bleiben sollte.

In somalischen Familien kümmern sich wohlhabende Mitglieder auch um die Kinder ihrer Geschwister.

Tante Madeleine nahm mich unter ihre Fittiche.

Sie war klein und temperamentvoll, mit heller, arabisch wirkender Haut. Sie war zu jeder Tageszeit tadellos frisiert. Wie mein Onkel ging auch sie regelmäßig zur Maniküre, und beide dufteten nach wunderbaren Parfüms. Elegant, wie sie war, sprach Tante Madeleine mehrere Sprachen, doch wenn sie sich mit uns Kindern auf Somali unterhielt, machte sie seltsame Fehler. Sie verwechselte zum Beispiel Personalpronomen und sagte: «Er mag das nicht» statt «Ich mag das nicht». Verwirrt blickte ich mich dann um und fragte: «Wer, Tante? Wer mag das nicht?», bis sie ihren Irrtum erkannte. Tante Madeleine legte großen Wert auf Erziehung und Bildung, besonders bei Mädchen. «Frauen müssen sich stärker beweisen als Männer», sagte sie und: «Was du im Kopf hast, kann dir niemand nehmen.» An jenem Abend, als ich ihr zum ersten Mal begegnete, trug sie ein grünes Kostüm, ihr Haar war toupiert, die Augenbrauen zu schmalen Linien gezupft, ihre Lippen und Fingernägel leuchteten rot. Auf hohen Pumps tänzelte sie durchs Haus; beinahe sah es so aus, als schwebe sie, und dieses Schweben ließ mich an die Geschichten von Menschenfressern denken. Auch die, hatte ich gehört, schwebten, wenn sie nachts über die Friedhöfe zogen. Auch sie hatten blutrote Fingernägel.

Doch es dauerte nicht lange, bis ich Tante Madeleine innig liebte.

Sie brachte mir Benehmen bei, erklärte, dass ich die Nase nicht mehr mit den Fingern, sondern mit einem Tuch putzen müsste, dass ich nicht auszuspucken hatte, schon gar nicht auf den Fußboden, allenfalls noch in einen Spucknapf im Bad, und sie lehrte mich, mit Messer und Gabel zu essen. Jeden Abend versammelte sich die Familie im Salon um einen großen Esstisch. Das Personal hatte gedeckt, gefaltete Servietten schmückten die Tafel. Onkel Abdulkadir rückte ihr einen Stuhl zurecht, und anmutig nahm Tante Madeleine Platz. Sie entfaltete die Serviette, breitete sie über ihren Schoß und legte die Hände auf den Tisch. «Das Gesicht zum Teller», mahnte sie, «aber nicht *auf* den Teller.» Ich drückte den Rücken durch. Das Personal trug auf.

Tante Madeleine griff nach ihrem Besteck, stach leicht in das Fleischstück auf ihrem Teller, schnitt ein Häppchen ab, führte es zum Mund. Ich tat es ihr nach. Doch meine Bewegungen waren ungeschickt, das Messer quietschte, die Soße spritzte, manchmal rutschte Gemüse über den Tellerrand oder segelte ein Stück Fleisch über den Tisch. Suppe rann meinen Unterarm entlang, kleine Pfützen bildeten sich im Ellenbogen. In der Steppe hatten wir die Fleischstücke mit den Zähnen gehalten und mit Messern mundgerechte Stücke abgesäbelt. Darin war ich sogar sehr geschickt; kein einziges Mal hatte ich mir in die Lippen geschnitten.

«Kleine Portionen», mahnte unterdessen meine Tante, «es gehört sich nicht, sich den Mund voll zu stopfen. Und halt den Rücken gerade, Kind.» Ihr Ton war streng, doch sie ohrfeigte mich nie; weder meine Tante noch mein Onkel brachten es fertig, uns Kinder zu schlagen. Trotzdem gab ich mir Mühe zu tun, was mir beigebracht wurde, doch war ich oft so beschäftigt, allen Instruktionen zu folgen, die Reihenfolge der einzelnen Schritte zeitlich und motorisch aufeinander abzustimmen, dass ich selten Hunger hatte, wenn mein Onkel zu Tisch rief. Ganz besonders graute mir vor den Tagen, an denen der Koch Spaghetti zubereitet hatte.

Tante Madeleine ermahnte mich, den Hals gerade zu halten, die Füße anzuheben, auf keinen Fall zu schlurfen und mich nicht ständig am Kopf zu kratzen. Mit einem Bücherstapel auf dem Scheitel ließ sie mich den damenhaften Gang üben. Sie achtete darauf, dass ich ordentlich gekleidet war, und kaufte mir Kleider, wunderschöne Kleider, und alle gehörten nur mir allein, dabei hatte ich nie mehr als ein Tuch besessen! Ich bekam Lackschuhe, weiße Söckchen und Unterhosen; obwohl mir nicht klar war, wozu man die brauchte. «Eine Dame geht nicht unten ohne», erwiderte Tante Madeleine nur.

Bald begann ich, meine Tante nachzuahmen. Ich versuchte, mich zu bewegen wie sie, und sortierte wie sie meine Kleider nach Farben. Ich bewunderte ihre Autorität und versuchte, in ebenso sicherem Ton mit den Dienstboten zu sprechen. «Du bist eine Streberin», schimpften meine Cousinen, «du willst dich nur einschmeicheln.» Es stimmte. Ich wollte, dass Tante Madeleine und Onkel Abdulkadir stolz auf mich waren, dass sie mich wie eine Tochter annahmen.

Als das neue Schuljahr anfing, schickte Onkel Abdulkadir mich auf eine Privatschule, an der englische und italienische Nonnen lehrten. Der Unterricht begann um sieben Uhr. Wir stellten uns im Hof auf, eine Nonne hisste die Nationalflagge, und alle sangen ein Loblied auf unser Land: *Die Erde ist unsere Mutter, der Himmel ist unser Vater, die Fahne ist unsere Beschützerin.* Zum Abschluss salutierten wir und gingen in unsere Klassenzimmer.

105

Auch in der Schule gab ich mir große Mühe; noch immer fand ich es sehr luxuriös, den ganzen Tag in einem schattigen Raum sitzen und denken und lernen zu dürfen. Außerdem wollte ich, dass Saida aufhörte, mich zu hänseln. Meine Cousine ging bereits seit drei Jahren zur Schule, also war sie klüger als ich, und das ärgerte mich. Dennoch war es vor allem die Schule, die mich spüren ließ, dass ich anders war als andere Kinder. Beim Schreiben und Malen musste ich mich besonders anstrengen, und in den Pausen konnte ich nicht herumtoben. Ich vermied unnötige Bewegung, um die Gelenke zu schonen; solange sie nicht schwollen, bemerkte man kaum, dass ich krank war. Ich versteckte meine Hände und trug vorne geschlossene Sandalen. Weil es mir gelang, meine Beschwerden so gut zu verbergen, glaubten die Nonnen, ich sei nur faul und bemühe mich nicht genug, ordentlich zu schreiben. Zur Strafe bekam ich Prügel. Ich lernte nur noch angestrengter, rechnete und malte und schrieb, bis meine Schrift beinahe so ebenmäßig war wie die der anderen. Geschickt kaschierte ich mein Handicap.

Bis meine Krankheit niemandem mehr auffiel.

Bananenfelder und Mangoplantagen, Kokospalmen und Äcker voller Grapefruitbäume wechselten einander ab. Die Sonne brannte, doch der Fahrtwind kühlte die Luft auf eine angenehme Temperatur herunter. Ich streckte einen Arm aus dem Fenster, und meine Finger trommelten im Takt der Musik, während wir die Landstraße entlangfuhren. Es war Freitag, der moslemische Feiertag. Wie alle wohlhabenden Familien in der Hauptstadt hatten wir den Nachmittag am

Meer verbracht und waren nun auf dem Weg in ein Restaurant außerhalb der Stadt. Ich liebte diese Ausflüge in unserem neuen Auto – Onkel Abdulkadir besaß als erster Mann in Somalia einen Audi 80 –, ich liebte es, laute Musik zu hören, meine Kleider vorzuführen und ein bisschen anzugeben.

Das Restaurant, das Onkel Abdulkadir ausgewählt hatte, lag am Rand einer Plantage. Man hatte die Äste und Zweige einer ungewöhnlich ausladenden Schirmakazie zu einer Art Zelt heruntergezogen, einen kurzen Moment erinnerte mich der Anblick an den Baum, unter dem man mich beschnitten hatte. Doch hier war der Boden mit Matten in traditionellen Mustern ausgelegt, die so schön waren, dass man sie nicht in Schuhen betreten durfte. Die Gäste saßen auf dem Boden, vor sich riesige Teller mit den köstlichsten Speisen, die die Köche auf einer offenen Feuerstelle zubereiteten. Gegessen wurde mit den Fingern. «Es ist wichtig», sagte Onkel Abdulkadir, «dass ihr euch in beiden Welten bewegen könnt, im modernen Leben ebenso wie im traditionellen.»

Drei Kellner in weißen Kitteln trugen Tabletts heran und servierten Ziegengrillbraten, Reis mit Curry und gebratenen Zwiebeln, dazu eine Soße aus roten und grünen Chilischoten, Koriander, Tomaten und Knoblauch und mehrere Teller mit *Mufo*, fingerdicken Maismehlfladen. In kleinen Schalen wurde warmes Zitronenwasser zum Säubern der Finger gereicht. Qamaan sah still zu, wie er es fast immer tat. Saida, Idil und Ahmed zierten sich; ich produzierte mich ein wenig. Ich war längst so flink im Umgang mit Messer und Gabel wie meine Cousinen, doch sie aßen nicht mit dem gleichen Geschick mit den Händen. Onkel Abdulkadir opferte den Geistern eine Gabel voll Reis, dann begannen alle zu essen. Das Restaurant war voll, und er und Tante Madeleine wurden immer wieder von Bekannten gegrüßt. Beide waren gern gesehene Gäste bei den Festen und Empfängen in der Hauptstadt. Dabei war mein Onkel ganz anders als die anderen somalischen Männer.

Gelegentlich band sich Onkel Abdulkadir eine Schürze um und kochte. Meine Cousinen und ich kicherten, wenn wir ihn am Herd hantieren sahen. Anfangs hatten wir uns sogar geweigert zu essen, was er zubereitet hatte; ein Gericht, gekocht von einem Mann, konnte doch nicht schmecken! Aber es war hervorragend. Wenn wir brav waren, zeigte Onkel Abdulkadir uns Fotos, die ihn während seiner Studentenzeit in Holland zeigten. Darauf trug er dicke Mäntel, in denen er aussah wie ein König. Er war Schlittschuh gelaufen und erzählte, dass in Holland im Winter die Teiche zufroren, und nicht nur die Teiche, auch die Straßen und Wege, eigentlich das ganze Land, sodass man permanent auf die Nase fiel, weil es so glatt war. Das war etwas, was wir uns in Mogadischu bei vierzig Grad im Schatten kaum vorstellen konnten. Er erzählte von den Vorurteilen, mit denen die Holländer ihm und anderen schwarzen Studenten begegnet waren, von der Ablehnung, die sie zu spüren bekamen.

Die Kellner reichten Tee mit Kardamom, Zimt und Nelken, dazu Milch und Kuchen. Tante Madeleine klappte ihr Zigarettenetui auf und zog eine lange weiße Zigarette heraus. Onkel Abdulkadir gab ihr Feuer. Er ermunterte mich stets, mir zu allem eine Meinung zu bilden und nie einfach nur unterwürfig zu gehorchen. «Ich will, dass du denkst», sagte er. «Frauen sollen erhobenen Hauptes durchs Leben gehen.» Er verbot mir, ihn zu bedienen. Nachdem ich jahrelang von meinen Eltern zu absolutem Gehorsam erzogen worden war, war das eine irritierende Aufforderung. Doch ich hatte gelernt, mich anzupassen. Anpassungsfähigkeit ist für Nomaden eine überlebenswichtige Eigenschaft.

Mit der Attitüde einer Grande Dame rauchte Tante Madeleine ihre Zigarette, ihre Fingernägel leuchteten wie verbotene Früchte. «Wir sind eine besondere Familie», sagte sie. Meine Tante hatte früh begonnen, uns Kinder auf unsere späteren Rollen vorzubereiten. Dennoch war ihr wichtig, da stimmte sie ihrem Mann zu, dass wir uns in den einfachen Dingen des Lebens behelfen konnten. «Du kannst Professorin werden», hatte sie gesagt, «trotzdem musst du deine Bluse bügeln können.» Meine Cousinen und ich hassten solche Aussprüche, doch unnachgiebig, wie sie war, wachte Tante Madeleine darüber, dass wir stopfen, waschen und putzen lernten.

«Wir haben Dienstboten», hatte Saida geschimpft.

«Du weißt nie, ob das immer so bleibt», hatte Tante Madeleine entgegnet und den Koch angewiesen, uns im Kochen zu unterrichten. Er hatte mir eine Pfanne, Öl und ein Pfund Zwiebeln gegeben, das Öl hatte ich erhitzen und die Zwiebeln in kleine Würfel schneiden sollen, was mir nicht leicht fiel und darum lange dauerte. Als ich sie in die Pfanne gab, war das Öl schon so heiß, dass eine Stichflamme emporschoss. Das Feuer hatte mir Haare, Wimpern und Augenbrauen verbrannt und meinen Körper mit Brandflecken übersät. Die Küche war völlig verrußt gewesen, sie musste tagelang renoviert werden. Aber Tante Madeleine bestand darauf, dass wir kochen lernten. Als Saida und ich zum ersten Mal Spaghetti mit Tomatensoße aufgetischt hatten, hatten Tante Madeleine und Onkel Abdulkadir nach kurzem Zögern ihre Teller leer gegessen. Niemals hätte mein Onkel uns Mädchen in dem, was wir taten, entmutigt.

Als wir das Restaurant verließen, war es schon dunkel und die Luft sehr weich. Im Licht einer Lampionkette stiegen wir in unseren Audi und fuhren nach Hause. Ich sah den Sternen zu und summte eine Melodie aus einem indischen Film. Für einen Moment beschlich mich die unbestimmte Angst, dieses privilegierte Leben könne eines Tages enden. «Sei still», zischte meine Cousine.

Bald darauf zog die Familie um. Das neue Haus lag am Meer, inmitten eines Parks, die Fußböden waren aus Marmor, und von der Terrasse überblickte man den Strand. Bis vor kurzem hatte der sowjetische Botschafter in der Villa residiert. Dann war sie auf Wunsch von Onkel Abdukadir und mit Unterstützung des Präsidenten geräumt worden. Immerhin handelte es sich bei dem Gebäude um Regierungseigentum.

Langsam begriff ich, welche Macht meine Familie hatte.

Als mein Onkel Siad Barre die Sozialistische Republik Somalia ausrief, begann eine neue Epoche. Das Land war erst seit kurzem frei und unabhängig. Reformen wie die Einführung einer einheitlichen Schriftsprache führten dazu, dass die Somalis erstmals eigene Zeitungen hatten und nicht mehr auf englische, italienische, arabische Blätter angewiesen waren. Frauen durften studieren, konnten Ärztinnen, Anwältinnen, Richterinnen, Ministerinnen werden. Es war eine Zeit der Euphorie, des kollektiven Aufbruchs.

Geistliche und Konservative protestierten. Der Himmel werde uns auf den Kopf fallen, das Land brennen, prophezeiten sie. Am Tag, an dem das Gesetz zur Gleichberechtigung der Geschlechter in Kraft trat, stießen zwei Flugzeuge über einem Armenviertel Mogadischus zusammen und stürzten ab. Hunderte Menschen starben. Doch der Fortschritt war nicht zu stoppen, Frauen schrieben sich an der Universität ein, arbeiteten als Stewardess oder Radiomoderatorin. Die Röcke wurden kürzer, Frauen trugen sogar Hosen.

Tante Madeleine stammte aus der einzigen bekennenden christlichen Familie Somalias. Ihr Vater war Diplomat, sie wuchs in England auf, hatte ein Internat besucht und eine Ausbildung zur Fremdsprachensekretärin absolviert. Tante Madeleine war eine moderne Frau, die erste, die Auto fuhr in Mogadischu, der personifizierte Fortschritt, ein Vorbild für viele Somalierinnen. Auch sie fingen an, sich die Haare zu färben, trugen Pumps, machten ihren Führerschein.

Onkel Abdulkadir wies seine Sekretärin an, ihr bodenlanges traditionelles Gewand auf Knöchelhöhe zu kürzen, damit sie bei der Arbeit beide Hände frei hatte. Er bewahrte unser Dienstmädchen vor einer Zwangsheirat, indem er sie freikaufte. Von seinen Deutschlandreisen brachte er stets den neuesten Quelle-Katalog mit, ließ meine Cousinen und mich kurze Röcke und Shorts bestellen. In Onkel Abdulkadirs und Tante Madeleines Haus gingen europäische Industrievertreter und Diplomaten aus allen Ländern ein und aus, es herrschte eine liberale, weltoffene Atmosphäre.

Tante Madeleine besaß mehrere hundert Paar Schuhe und ließ einmal im Monat im Garten für die Armen kochen, den Menschen Vitaminspritzen geben, sie impfen.

Meine Famile war angesehen, vermögend, einflussreich.

Sie war die Regierung. Und die Regierung war die Familie.

Der italienische Botschafter schwankte, ein wenig nur, doch wir bemerkten es. Seine ansonsten kantigen Bewegungen hatten etwas Weiches bekommen. Ein paar Schritte entfernt unterhielt sich seine Gattin mit der Frau des französischen Botschaftssekretärs. Sie trug ein wunderbares Kleid aus royalblauer Seide, dazu aus dem gleichen Stoff gefertigte Schuhe. Die Signora plauderte, ohne ihren Mann dabei aus den Augen zu lassen. Ihr Gesicht zeigte keinerlei Regung; der leicht harte Zug um die Mundwinkel fiel nur denen auf, die sie besser kannten. Mehrere Vertreter deutscher Industrieunternehmen hatten während des Diners Anekdoten zum Besten gegeben. Zu diesem Zeitpunkt war ihr Mann noch nicht betrunken gewesen, und die Signora hatte gelacht. «Ich wette, er stürzt noch in die Blumenrabatten», feixte Saida.

«Psst.» Ich wollte nicht, dass Tante Madeleine uns hörte. Idil ließ den Vorhang zufallen und ahmte den Botschafter nach, karikierte seine Bewegungen, taumelte durch den Salon, rollte mit den Augen. Saida kicherte. «Habt ihr die Frau des Direktors der englischen Schule gesehen?», flüsterte sie. «Madame war so vornehm, dass sie jede Erbse einzeln an die Lippen geführt hat.» Ich prustete los und hielt mir sofort beide Hände vor den Mund. Tagelang hatten wir Tante

Madeleine bestürmt, bei dem Empfang bedienen zu dürfen. Als sie endlich zustimmte, ließ sie uns das Auftragen von links, das Abräumen von rechts, das Servieren heißer Soßen und das Balancieren von vier Tellern mit einer Hand üben. Anschließend kleidete sie uns neu ein. Für gewöhnlich beachteten die Erwachsenen uns nicht, doch wir Teenager fanden solche Einladungen furchtbar aufregend. Wir studierten die Gesten der Gäste, ihre manchmal wichtigtuerischen Gebärden, die Kleider und die Roben. Wir amüsierten uns, wenn einige besonders aufgetakelt erschienen. Wenn die Erwachsenen tanzten, wurde es erst richtig peinlich. Es sah albern aus, wie sie sich im Rhythmus der fremden Musik bewegten. Gelegentlich brachten Gäste ihre Töchter und Söhne mit, dann liefen wir alle hinunter zum Strandhaus, spielten und versuchten, uns auf Englisch oder Italienisch zu verständigen. Manche sprachen sogar etwas Somali.

«Das habt ihr gut gemacht.» Tante Madeleine betrat den Salon und ging auf die Anrichte zu, in der sie ihre Zigaretten aufbewahrte. «Die Gäste waren sehr angetan. Meine Freundinnen haben gesagt, um so wohlerzogene Mädchen sei ich zu beneiden.» Ihre schmalen Augenbrauen hüpften, als sie lachte. Aus einer Schublade nahm sie eine Dose.

«Bekommen wir eine Belohnung?», fragte Saida. Tante Madeleine zögerte, zündete sich betont langsam eine Zigarette an und legte die Stirn in Falten. Ich lachte. «Komm, Tante, bitte», schmeichelte ich. Sie nahm einen Zug und pustete den Rauch in die Luft. «Ein Kleid?», fragte sie.

«Schlaghosen», rief Idil.

«High Heels», rief Saida.

«Onkel Abdulkadir schimpft, wenn er euch in solchen

Schuhen sieht. Ihr ruiniert euch die Füße, sagt er. Und er hat Recht.»

«Aber Mama, solche Schuhe sind modern.»

«Sie sind unbequem», entgegnete Tante Madeleine.

«Alle tragen solche Schuhe», bettelte Saida. Was nicht stimmte. Nur die Töchter reicher Eltern trugen enge Jeans und amerikanische T-Shirts und italienische Stöckelschuhe. Alle anderen zogen Hosen, Röcke und Blusen an, die in Somalia oder Indien hergestellt wurden und sehr bieder aussahen. Saida und ich hatten unsere frisch gewaschenen Jeans auf dem Asphalt ausgebreitet, sie an einigen Stellen mit Steinen beschwert und zwei Tage in der Sonne liegen lassen. Danach waren sie ausgeblichen, dunkelblau-hellblau gescheckt. «Da könnt ihr gleich Lumpen kaufen», hatte Tante Madeleine entsetzt gerufen, während wir uns stolz in unsere Jeans zwängten, die so eng waren, dass man sie nur im Liegen anziehen konnte. Tante Madeleine seufzte jetzt. Ihr Blick fiel auf ihre roten Pumps. «Ich sage Onkel Abdulkadir jedes Mal: ‹Wenn ich andere Schuhe kaufe, ziehen die Mädchen sie nicht an.›»

«Stimmt», sagte Saida.

«Wollt ihr nicht ins Kino gehen? Oder neue Schallplatten kaufen? Oder selbst eine Party geben?» Tante Madeleine drückte die Zigarette in den Aschenbecher. Der Lippenstift am Filter hatte exakt dieselbe Farbe wie ihre Fingernägel. «Ich denke noch einmal darüber nach», sagte sie. Wir umarmten sie. Sie griff nach ihrem Zigarettenetui. Die Absätze ihrer Schuhe klickerten über den Marmorboden im Rhythmus ihrer zierlichen Schritte. Im Türrahmen blieb Tante Madeleine stehen und drehte sich um. «Saida, wo ist eigentlich das neue T-Shirt, das Onkel Abdulkadir dir aus Paris mitgebracht hat?»

«Ich weiß nicht. Ich wollte es anziehen, aber ich konnte es nicht finden.»

«Ich werde die Hausangestellten fragen.»

«Vielleicht hat ein Dieb es von der Wäscheleine geangelt.» Tante Madeleine sah Saida an. Idil und ich taten, als seien wir nicht da. «Von der Wäscheleine geangelt? Über eine vier Meter hohe Mauer?» Jetzt runzelte Tante Madeleine ernsthaft die Stirn. «Das kann ich mir kaum vorstellen. Ich denke, darüber reden wir morgen noch einmal.» Dann kehrte sie zurück auf die Terrasse, zu ihren Gästen.

Saida sah unglücklich aus. Sie hatte ihr T-Shirt gegen zwei «Fotoromanzi»-Heftchen getauscht, italienische Originalausgaben mit dramatischen Liebesgeschichten und hochverbotenen Kussszenen, die wir heimlich im Garten anschauten. Meine Cousine hatte dafür eines ihrer besseren T-Shirts opfern müssen.

Manchmal dachte ich an die Steppe, das grenzenlose Land. Nichts, was den Blick aufhielt, nur endlose Weite. Ich sehnte mich dann danach, frei und mit ausholenden Schritten zu laufen. In der Stadt war es eng, und uns Mädchen war es verboten, durch die Straßen zu gehen, stets fuhr uns ein Chauffeur. Ab und zu beneidete ich andere Kinder, die zu Fuß zur Schule kommen durften.

Und ich vermisste meine Mutter.

Ich liebte Tante Madeleine und Onkel Abdulkadir, doch abends vor dem Einschlafen, wenn die Ereignisse des Tages noch einmal an mir vorüberzogen und ich zur Ruhe kam, roch ich plötzlich den herb-erdigen Duft meiner Mutter. Ich sehnte mich nach meinen Geschwistern und meinem Vater, doch die Sehnsucht nach ihnen war nicht so schmerzlich wie die nach meiner Mutter. Dabei war sie immer die Strengere und Härtere gewesen; eher hatte mein geduldiger Vater mich einmal auf seinen Schoß gehoben. Dennoch verzehrte ich mich nach ihren rauen Händen. Manchmal versteckte ich mich unter der Bettdecke oder schloss mich im Bad ein; ich wollte nicht, dass mich jemand weinen sah.

Ich hätte meiner Mutter nur zu gern gezeigt, was ich gelernt hatte, ich wünschte mir, sie könnte sehen, wie ich gewachsen war. Außerdem sorgte ich mich um sie. Sie hatte Khadija verloren und nun auch noch mich, und zwei Töchter, die in der Stadt lebten, waren zwei Arbeitskräfte, die zu Hause fehlten. Umso härter musste meine Mutter arbeiten. Der Gedanke bedrückte mich. In meinen Tagträumen malte ich mir aus, meine Mutter nach Mogadischu zu holen und ihr ein Haus mit einer Terrasse zu kaufen, von der aus sie aufs Meer schauen könnte. Wenn sie Lust hätte, könnte sie ab und zu eine Matte flechten; doch es gäbe nichts, was sie tun müsste. Sie wäre endlich frei von Verantwortung und Last.

Zwei Jahre nachdem mein Vater mich zu Onkel Abdulkadir gebracht hatte, kam mein ältester Bruder Ahmed mit schlechten Nachrichten. Unsere Mutter hatte schon immer an Epilepsie gelitten. Nun bekam sie beinahe täglich Anfälle, und ihr Herz war schwach. Unterdessen hatte unser Vater eine neue Frau geheiratet. Die Vorstellung, dass meine Mutter niemanden hatte, der ihr im Kampf gegen die Krankheit und die Konkurrentin beistand, trieb mir die Tränen in die Augen. Ich bestürmte Onkel Abdulkadir, mich in den Ferien nach Hause fahren zu lassen. «Das ist eine weite Reise und sehr gefährlich, du kannst unmöglich allein fahren. Ich mache mir Sorgen um dich», sagte er. «Außerdem muss ich vorher jemanden losschicken, um deine Eltern zu suchen.»

«Bitte, lass mich trotzdem zu meiner Mutter», bettelte ich.

«Einverstanden, in den Ferien.»

Als die Ferien näher rückten, war von der Reise keine Rede mehr.

«Bitte holt Mutter nach Mogadischu», flehte ich.

«Wir werden sehen», antworteten meine großen Brüder.

«Nächstes Jahr wirst du deine Mutter besuchen», sagte mein Onkel. Dann, mit einem Blick, den ich nicht zu deuten wusste, fügte er hinzu: «Du wirst mir fehlen.»

«Du stinkst!» Die kleine Tochter des spanischen Botschafters begann zu weinen. Ihre Schwester nahm sie bei der Hand. «Wir sind auch beschnitten», erklärte sie. «Schon lange.»

«Das glaub ich nicht», sagte ich.

«Es ist wahr.»

«Dann zeig es mir!» Ich war die Kleinste, aber auch die Älteste, darum fielen alle anderen Mädchen in mein Geschrei ein. Im Kreis tanzten wir um die beiden kleinen Spanierinnen. Die ältere sah aus, als würde sie mir am liebsten die Zähne einschlagen. *De nada, bonita*, tröstete sie ihre jüngere Schwester. Draußen auf der Terrasse tranken die

Erwachsenen Tee, ab und zu wehte der Wind ihre Stimmen durch die geöffneten Fenster.

«Ihr seid schmutzig, brrrr!» Ich verzog das Gesicht und beugte mich zu dem kleinen Mädchen hinab. «Du sabberst! Du kommst in die Hölle.» Die Kleine sah mich an, ihre Lippen zitterten. Ihre große Schwester wischte ihr die Tränen aus dem Gesicht. «Wir sind genauso beschnitten wie ihr», wiederholte sie.

«Beweis es mir», sagte ich mit der Selbstgerechtigkeit einer Anführerin. «Kommt, wir gehen ins Kinderzimmer.» Die Kleine sah zu ihrer Schwester hinauf. Die zögerte.

«Zeigen, zeigen», riefen alle im Chor.

Ein Fanal.

Natürlich hätten die Töchter des spanischen Botschafters auf die Terrasse zu ihren Eltern laufen können, doch sie wussten um die Konsequenzen, die das in der Schule nach sich gezogen hätte. «Gut», sagte die Ältere.

Oben verriegelte ich die Tür. «Du zuerst», sagte ich zu der Älteren.

«Du zuerst», antwortete sie.

«Du traust dich also nicht.»

«Du traust dich nicht.» Das ließ ich nicht auf mir sitzen. Entschlossen öffnete ich den Knopf, den Reißverschluss meiner Jeans, ein kurzes Zögern, dann zog ich die Hose über den Po und schob, schnell, aber lange genug, dass alle es sehen konnten, meinen Schlüpfer zur Seite. Nacheinander taten die anderen Mädchen es mir nach. Nur Saida sagte: «So ein bescheuertes Spiel. Ich mache nicht mit.»

Erstaunt sah ich meine Cousine an. «Wahrscheinlich sind deine Nähte nicht so schön wie meine», sagte ich provozierend. Saida zuckte mit den Schultern. «Und wennschon. Es ist trotzdem ein bescheuertes Spiel.»

Verletzt und umso energischer wandte ich mich den Spanierinnen zu. «Jetzt ihr!»

«Nein», sagte die Größere.

«Nein», wisperte ihre kleine Schwester.

«Saida hat Recht, es ist ein doofes Spiel.»

«Ihr stinkenden Sabbermädchen!», rief ich. «Ihr seid feige. Oder noch schlimmer: Ihr seid gar nicht beschnitten. Das werde ich in der Schule erzählen. Morgen wissen alle, dass ihr unrein seid.» Die Kleine weinte, der Rotz lief ihr aus der Nase.

«Es sei denn …» Ich hielt inne. «Es sei denn, ihr bezahlt mit ein paar Fotoromanzi-Heftchen.»

«Ich habe dir schon gesagt», erklärte die Ältere und putzte ihrer Schwester die Nase, «unsere Eltern haben uns beschneiden lassen. Wir sehen genauso aus wie ihr.»

«Du lügst», rief ich und zu den anderen gewandt: «Sie lügen!»

«Lügnerinnen», riefen alle Mädchen, «stinkende, schmutzige Lügnerinnen.»

«Los, wir gucken nach!» Als hätten sie auf mein Kommando gewartet, stürmten alle auf die Schwestern zu, überwältigten sie, zwängten sie aufs Bett, drückten sie in die Kissen, hielten ihre Arme und Beine fest und zogen ihnen die Hosen herunter. «Ich hab's doch gewusst», rief ich triumphierend. «Schaut sie euch an! Wie faltig sie sind, wie schrumpelig, wie hässlich. Ihhh!»

Nur Saida lehnte am Fenster und sah hinaus, als ginge sie das alles nichts an.

Die Schnürsenkel rutschten mir aus den Fingern. «Lass mich das machen», sagte Saida. «Wir sind spät dran.» Unten rief Tante Madeleine nach uns, und der Chauffeur hatte den Wagen schon vorgefahren. Meine Cousine kniete nieder und band meine Schuhe zu. Die Knöchel meiner Finger waren einfach zu steif. «Ich verstehe nicht, warum du nicht endlich etwas sagst», schimpfte Saida. «Deine Finger werden schon ganz krumm.»

Schweigend schob ich meine Hände in die Ärmel meiner Bluse. Ich verbarg meine Krankheit vor den anderen. Aber auch vor mir selbst leugnete ich sie. Situationen wie diese waren umso deprimierender. Ich biss mir auf die Lippen. Wenn die Schmerzen mich nicht schlafen ließen, betete ich und hoffte, dass, wenn ich am Morgen erwachte, alle Symptome verschwunden wären, so, als wäre das Ganze nur ein übler Traum gewesen. Aus Gründen, die ich selbst nicht kannte, gab ich mir die Schuld daran und tat alles, um Tante Madeleine und Onkel Abdulkadir nicht zu beunruhigen.

In der Schule ließen uns die Nonnen ein Diktat schreiben. Mehrmals rutschte mir der Stift aus der Hand, jedes Mal fiel er mit einem Geräusch zu Boden, das die anderen aufhorchen ließ. Ich bückte mich. Umständlich schob ich den Stift mit der linken Hand zwischen die Finger der rechten. Langsam marschierte die Nonne zwischen den Stuhlreihen auf und ab. Ich wollte weiterschreiben, doch ich konnte mich nicht mehr an den letzten Satz erinnern. Vor meinem Pult blieb die Schwester stehen. «Zeig mir dein Heft.»

Widerstrebend schob ich es hin.

120

«Du hast höchstens die Hälfte des Diktats mitgeschrieben. Du hast dich nicht angestrengt.» Wie giftige Früchte spuckte sie die Worte aus. «Streck deine Hände aus.» Sie zückte den Rohrstock. Ihr Ton war kalt, drohend. Ich spürte die Schmerzen bereits, das Brennen. «Ich bin krank», sagte ich leise.

«Deine Hände …», sagte die Nonne, als habe sie mich nicht gehört.

«Ich kann meine Finger nicht bewegen, darum habe ich so langsam geschrieben.»

Plötzlich packte mich Wut. «Wenn Sie mich schlagen, werde ich es meinem Onkel sagen. Dann wird er Sie verhaften!»

Ohne Vorwarnung knallte der Stock nieder. «Deine Hände …!», brüllte die Schwester und drosch auf mich ein, traf meine Arme, meine Finger, die Fingerspitzen, sie brannten, alles brannte, und die Schläge hörten nicht auf.

Am Nachmittag zog Onkel Abdulkadir sich zum Arbeiten auf die Terrasse zurück. Da die Dienstboten Einkäufe erledigten, bat er mich, ihm Tee zu bringen. Ich ging in die Küche und setzte Wasser auf. Die Hände wie steife Klauen, hielt ich die Tasse mit den Handgelenken. Als ich den Salon betrat, sah Onkel Abdulkadir von seinen Papieren auf. «Was ist mit deinen Händen?», fragte er.

Ich verlor die Fassung. Die Tasse fiel zu Boden. Ich rannte hinauf in mein Zimmer.

Onkel Abdulkadir klopfte, er drängte mich, die Tür zu öffnen. «Was ist mit deinen Händen?», fragte er. «Bist du verletzt? Hat dich ein Tier gebissen? Öffne und rede mit mir, Fadumo, ich mache mir Sorgen.»

121

«Ich sage nichts.»

«Wenn du nicht öffnest, verhau ich dich.»

«Das tust du ja doch nicht.»

Einen Moment blieb es still auf dem Flur. Im ganzen Haus war kein einziges Geräusch zu hören. Ich zog die Nase hoch und wischte mir die Tränen aus den Augen. «Mach die Tür auf», sagte Onkel Abdulkadir. «Ich tue dir nichts.»

Irgendwann öffnete ich. Onkel Abdulkadir besah sich meine Hände. «Warum habe ich das nicht bemerkt?», rief er, «was bin ich für ein Vater?» Ich wusste nicht, ob ich mich schämen oder stolz auf mein Versteckspiel sein sollte.

Mein Onkel rief einen Arzt, einen Spezialisten aus Togo, der in Mogadischu praktizierte. Der Mann untersuchte meine Hände, tastete jeden Finger einzeln ab, ließ mich sie beugen und biegen. Er befühlte meine Knie, meine Knöchel, meine Zehen. Dann packte er seine Instrumente zusammen und schüttelte den Kopf: «Ihre Tochter hat Rheuma. Es tut mir Leid, aber ich kann nichts für sie tun.»

• VIER •

IN DER NACHT LAG ICH WACH, lauschte den Geräuschen im Garten, dem Jaulen herumstreunender Katzen, hörte die gleichmäßigen Atemzüge meiner Cousinen. Als es dämmerte, stand ich auf. Leise ging ich die Treppe hinunter, hinaus auf die Terrasse; am Horizont erhob sich die Sonne wie ein blanker Pfirsich. Mit allen Sinnen sog ich das frühe Licht und die pudrigen Farben auf, den Geruch des Salzes, der Bougainvilleen. Das Knistern der Insekten in den Blumenbeeten.

Später ging alles sehr schnell, und mit dem Durcheinander kam die Nervosität, die sich in meiner Brust ausbreitete wie Gas. Ich fühlte mich leicht, beinahe fürchtete ich, den Boden unter den Füßen zu verlieren. Seit Tagen hatte ich kaum gegessen.

Die gesamte Familie begleitete uns zum Flughafen. Der Autokorso fuhr auf das Rollfeld, an der Abfertigung vorbei bis an die Maschine heran. Ich zappelte ohne Unterlass, als müssten meine Arme und Beine die innere Unruhe in Bewegung umsetzen, sie ableiten, damit ich nicht platzte.

Silbern schimmerte das Flugzeug in der Sonne.

«Benimm dich», sagte Tante Madeleine und umarmte mich. «Ich verlass mich auf dich.» Ich nickte und umarmte meine Cousinen, Ahmed und Qamaan, während Onkel Abdulkadir unsere Koffer einem Bediensteten in weißblauer Uniform übergab.

«Vergiss mich nicht», rief Idil, als ich die Gangway hoch-
stieg. Alle winkten, auch das Kindermädchen und das
Dienstmädchen. Ich winkte zurück.

Onkel Abdulkadir nahm in einer der vorderen Reihen
Platz. «Ich möchte die Flügel sehen, Onkel, können wir
nicht bei den Flügeln sitzen?»

«Nein, unsere Plätze sind hier.»

«Aber ich möchte sehen, wie das Flugzeug fliegt. Ich
kann mir nicht vorstellen, wie es das macht. Seine Flügel
sind ganz steif, ich habe es genau gesehen.» Ich zappelte wie
ein Käfer und rutschte hin und her. Eine Stewardess legte
mir einen Gurt um die Hüften, ich schaute sie erstaunt an,
doch Onkel Abdulkadir nickte. Mit einem Klicken rastete
die Schnalle ein. Vom Eingang strömten immer mehr Menschen ins Innere der Maschine, Schritte, Stimmen, Koffer,
die an Sitze stießen. Ich entdeckte Knöpfe in der Armlehne
und drückte sie. Über uns ging das Licht an, und der Sitz
bewegte sich. Erschrocken griff ich nach Onkel Abdulkadirs Hand und presste meine Handtasche an mich, ein
kleines hellblaues Täschchen mit goldenen Schnallen, das
Tante Madeleine mir gekauft hatte.

Plötzlich ein Rucken und ein Dröhnen.

Eine Frau schrie: «Allah!»

«Das sind nur die Düsen und die Motoren», erklärte Onkel Abdulkadir und streichelte meine Hand. Das Dröhnen
schwoll an und wurde unbeschreiblich laut. Die Haut an
meinen Armen war ganz pelzig vor Aufregung. Mein Onkel
reichte mir eine kleine Papiertüte – da sah ich, dass sich das
Flughafengebäude bewegte. Erschrocken presste ich meine
Nase gegen das Fenster, die Maschine rollte, es war kaum

zu spüren, doch draußen glitten Menschen vorüber, Autos, Häuser. Das Flugzeug wurde jetzt schneller, das Dröhnen lauter, wir rasten über den Asphalt, dort vorne begann das Meer, wir jagten auf das Meer zu, und immer noch klebte das Flugzeug am Boden. Es konnte gar nicht fliegen, ich hatte es doch gewusst, wir würden alle ins Meer stürzen. Überall schrien und beteten die Frauen «*Bismillahi Rahmani Rahin*», «Allah, beschütze uns».

Dann hoben wir ab.

Die Bewegung drückte mich in den Sitz, mein Magen schien im Bauch hochzurutschen. Ich beugte mich vor, suchte nach einer Möglichkeit, das Fenster zu öffnen, wollte hinaussehen, schauen, wo die Erde war, die Stadt, meine Familie. Ich wollte sehen, wie die steifen Flügel sich bewegten, damit ich glauben konnte, was hier geschah. «Setz dich», sagte Onkel Abdulkadir. Er sah plötzlich sehr blass aus. Noch immer riefen Stimmen durcheinander, nun auch Männer, doch sie wirkten beherrschter, oder taten sie nur so? Die Stewardess verteilte feuchte Waschlappen und Bonbons. Sie lächelte, als sei nichts geschehen.

Das Dröhnen ließ nach und wurde zu einem monotonen Brummen. Langsam beruhigten sich die Menschen. Ich lehnte mich zurück. Draußen strahlte der Himmel, blau wie das Meer an stillen Tagen. Noch immer umklammerte ich Onkel Abdulkadirs Hand, doch ich spürte, wie der Druck sich löste, spürte, wie meine Augen schwer wurden. Das Brummen umhüllte mich. Schließlich schlief ich ein. Als ich erwachte, blickte ich auf ein Meer von Lichtern.

Das Flugzeug landete mit Verspätung in Rom. Als wir durch eine Schiebetür die Flughafenhalle betraten, war mir, als hätte mich jemand in die tosende See geworfen. Millionen Menschen rannten umher, riefen, schrien, kreischten.

Und alle, alle sahen aus wie Signor Lavera.

Von einer Sekunde auf die andere tauchte sein Bild vor meinen Augen auf: Signor Lavera, ein italienischer Textilfabrikant, der eines Abends meinen Onkel besucht hatte. Ich war aus der Schule gekommen und auf die Terrasse getreten – und hatte einem Mann gegenübergestanden, dessen Anblick mich hatte erstarren lassen. Nur langsam hatte sich der Schreck gelöst, ich hatte mich diesem Wesen vorsichtig wie einem fremden Tier genähert. Zögernd hatte ich seinen Arm berührt und über seine Haut gestrichen. «Bist du krank?», hatte ich gefragt, die Stimme dumpf von Mitgefühl.

«Lass das», hatte mein Onkel streng gesagt. «Benimm dich.»

Doch der Besuch hatte gelacht. «Wie kommst du darauf?», hatte er gefragt.

«Weil du aussiehst wie der Müllmann. Und der ist Albino, hat Tante Madeleine gesagt. Darum gibt sie ihm immer Creme für seine Haut.» Signor Lavera hatte sich den Bauch vor Lachen gehalten. Mein Onkel hatte peinlich berührt gewirkt.

«Ich bin Italiener», hatte Signor Lavera geantwortet. «In Italien sehen alle Menschen so aus. Na ja …» Er hatte an seine Haaren gezupft, und ich hatte nicht widerstehen können, sie ebenfalls zu berühren. Sie hatten sich angefühlt wie Fell, glatt und dicht. «Nicht alle haben rote Haare und grüne Augen. Aber alle haben helle Haut.»

Signor Lavera hatte nicht gelogen.

«Gib mir deine Hand», sagte Onkel Abdulkadir und schob mich durch das Gedränge, während ich mit offenem Mund staunte. Als wir an einem Uniformierten vorbeiliefen, blieb ich stehen und schaute dem Mann ins Gesicht. Er hatte Augen, so blau wie der Himmel! Der Mann sah mich an, fragend zunächst, dann lachte er, beugte sich vor und zwickte mich in die Wange. Ich wurde böse. Ich wollte ihn ebenfalls kneifen, doch Onkel Abdulkadir zog mich weiter.

Wir verließen die Halle und betraten einen langen Flur. Es war kalt, ich fror. Ich trug einen hellblauen Hosenanzug. Tante Madeleine hatte den Schneider zwar drei Lagen Futterstoff übereinander und dann in die Jacke hineinnähen lassen, und der arme Mann war fast daran verzweifelt, aber er war trotzdem zu dünn. Es gab in Mogadischu keine Mäntel zu kaufen. Neben uns liefen zwei Frauen in somalischer Tracht und dünnen Sandalen. Onkel Abdulkadir schüttelte den Kopf. «Landmenschen», schimpfte er. «Wie kann man so ungebildet sein. Was sollen nur die Italiener von uns Somalis denken?» Ich fand nicht, dass die Frauen außergewöhnlich gekleidet waren. Woher sollten sie denn auch wissen, dass sie in Italien auffallen würden? Wie konnten sie ahnen, dass es überhaupt eine solche Kälte gab? Die Luft fühlte sich an, als lege man seine Hände in den Eisschrank unserer deutschen Einbauküche.

An der Passkontrolle nahmen uniformierte Männer die Ausweise entgegen. Manche Pässe gaben sie schnell zurück, mit einem Nicken; andere behielten sie und blätterten durch die Seiten, mit strengen, verschlossenen Mienen. Auch meinen Pass studierten sie genau. Ob sie ahnten, dass zwölfjährige Mädchen in Somalia noch keinen Pass besaßen und dass Onkel Abdulkadir das Problem gelöst hatte, indem er in seiner Druckerei einen Pass für mich hatte drucken lassen?

Onkel Abdulkadir steuerte auf eine Treppe zu. Stimmen tönten von der Decke, ohne dass ich erkennen konnte, wer sprach. Da verschlug es mir ein weiteres Mal den Atem: Die Treppe, vor der wir standen, bewegte sich! Sie bewegte sich und verschwand direkt vor meinen Füßen in der Erde. Ich riss mich los und lief um die Treppe herum. Auf der Rückseite sah ich sie aus dem Boden wieder herauskommen. Eine Treppe, die aus dem Nichts kam und im Nichts verschwand! Onkel Abdulkadir griff nach meiner Hand. «Das ist eine Rolltreppe. Sie bewegt sich, damit du nicht Treppen steigen musst.» Ich musste lachen. Nie hatte ich einen erwachsenen Menschen etwas Verrückteres sagen hören.

Aber ich weigerte mich, einen Fuß auf die Stufen zu setzen.

Hinter uns drängten Menschen, schoben sich vorbei, hatten es eilig. Auf der Nachbartreppe rief eine Somalierin um Hilfe; ihr Wickeltuch hatte sich in der Rolltreppe verfangen. Mein Onkel drängte und schimpfte mit mir. Da nahm eine fremde Frau meine Hand, legte sie auf den Gummilauf des Geländers und schob mich sanft hinterher. «Schön festhalten», sagte sie auf Englisch. Sie war hübsch und duftete warm und blumig. Ohne dass ich etwas dagegen tun konnte, schwebte ich auf der Rolltreppe durch die Luft.

Oben stieß ich mit einem dicken Mann zusammen, weich und massiv stand er dort, ich lief direkt in ihn hinein. Als ich mich rappelte, hielt er mich am Arm fest, beugte sich herab und sah mich stumm an. Sein Blick machte mir Angst. Der Mann hob seinen Zeigefinger, leckte an seiner Fingerspitze und fuhr über meine Wange. Ich war so überrascht, dass ich vergaß zu atmen.

«Sie Rassist», hörte ich Onkel Abdulkadir schimpfen. Der Mann lachte ein dröhnendes Lachen. Mein Onkel packte mich und zog mich fort, er lief so schnell, dass ich stolperte. Der Mann rief etwas hinter uns her, doch ich verstand seine Sprache nicht. Koffer schlugen gegen meine Beine, Handtaschen trafen meinen Kopf, ich versuchte, den Menschen auszuweichen, und rannte zwischen ihnen hindurch. Sie alle, Männer, Frauen und Kinder, hatten diese helle Haut, manche hatten sogar weiße Haare. Eigentlich interessierte es mich genauso wie den dicken Mann: Würde sich die weiße Farbe lösen, wenn man daran riebe?

Im Taxi drückte ich mir die Nase an der Fensterscheibe platt. Auch hier herrschte auf den Straßen lautes Chaos. «Lass mich mit den Italienern in Ruhe», hatte meine Großtante gerufen, als sie hörte, dass ich in ein Krankenhaus nach Rom geschickt würde. «Als die Italiener noch im Land waren, haben sie die Wege mit Somalis gepflastert, damit sie sich bei Regen nicht die Schuhe schmutzig machten.»

In diesem Land war ich also gelandet.

Onkel Omar, der Bruder von Onkel Abdulkadir, war Botschaftssekretär in Rom und wohnte in einem Haus, das den Himmel zu berühren schien. Mit einem Fahrstuhl fuhren wir in den vierzehnten Stock und klingelten.

Meine Schwester Khadija öffnete.

Wir fielen uns in die Arme, lachend und weinend, und

streichelten und küssten uns. Wir konnten gar nicht voneinander lassen. Seit Khadija über Nacht vor dem alten Mann, den sie heiraten sollte, weggelaufen war, hatten wir uns nicht mehr gesehen. Niemand hatte gewusst, dass sie bei Onkel Omar untergekommen war.

Immer wieder trat ich einen Schritt zurück und betrachtete meine Schwester. Khadija hatte das weiche, runde Gesicht meiner Mutter geerbt, ihre dunkle Haut, die ebenmäßigen Zähne. Es war, als würde ich die eine in der anderen vor mir sehen.

In der Nacht kroch ich zu Khadija ins Bett, und wir redeten, bis es hell wurde. Bevor ich einschlief, meinte ich den herb-erdigen Geruch meiner Mutter zu riechen.

Im Krankenhaus brachte man mich in einem Schlafsaal mit fünfzig weiteren Patientinnen unter. Immer wenn ein Arzt kam, folgte ihm eine Schwester mit einer mobilen Trennwand, die sie während der Untersuchung um das jeweilige Bett herumbaute.

Jeden Tag erschien ein Doktor. Er strich über mein Haar und sagte: «*Buon giorno*, hast du gut geschlafen?» Ich nickte. Er maß meinen Blutdruck und den Puls, ließ mich die Zunge herausstrecken und mit den Augen rollen, er klopfte Brust und Rücken ab, ließ mich einatmen, ausatmen, den Atem anhalten.

Das war alles.

Am Ende der ersten Woche hatte ich mich mit den anderen Patientinnen und einigen Krankenschwestern angefreundet. Keine sah aus wie ein Monster oder wie jemand, der die Straßen mit Somalis pflasterte, um sich nicht die

Schuhe schmutzig zu machen. Eher waren alle besorgt und erschrocken über mein geringes Gewicht. Vor allem die Schwestern machten es sich zur Aufgabe, mich zu umsorgen und zu mästen. Zu Hause hatte ich mich während der abendlichen Mahlzeiten mit meinem Reis aufgehalten und, während die anderen aßen und redeten, unbemerkt einen Teil des Essens in einer Schublade unter der Tischplatte versteckt. Ich hatte einfach keinen Hunger, und wann immer jemand auf mich einredete, ich müsse mehr essen, aß ich umso weniger. Nun gab es jeden Tag Pasta. Aber ich fand bald heraus, dass die älteren Frauen im Schlafsaal sich freuten, wenn ich ihnen von meinen Portionen abgab.

Am Ende der zweiten Woche kehrte Onkel Abdulkadir nach Mogadischu zurück. Khadija besuchte mich, sooft sie konnte. Ich sehnte ihre Besuche herbei. Als Kinder hatten wir uns gestritten, sie war meine Konkurrentin gewesen, und ich hatte stets beweisen wollen, dass ich schlauer und schöner war als sie. Khadija war wild und jähzornig gewesen, und sie hatte sehr schnell laufen können. Doch sie war auch feige gewesen und hatte geschrien, sobald sie eine Schlange sah. Deshalb hatte ich gern eine tote Schlange auf ihr Tuch gelegt und dann gerufen: «Vorsicht, Khadija! Eine giftige Schlange, beweg dich nicht!» Später hatte sich Khadija dann gerächt. Prompt war ich zu meiner Mutter gelaufen und hatte gepetzt – ein endloser Kreislauf. Nun, weit entfernt von zu Hause, waren wir uns nah. Meine Schwester arbeitete als Dienstmädchen für Onkel Omar. Am Tag vor meiner Einweisung ins Hospital hatte er sie verprügelt, weil sie eine Tasse aus feinem Porzellan zerbrochen hatte. Onkel Abdulkadir hätte so etwas niemals getan! Unsere Leben hatten sich so unterschiedlich entwickelt, nur weil wir zu zwei sehr verschiedenen Männern in Obhut gegeben worden waren. Während ich zur Schule gegangen war und eine Ausbildung bekommen hatte, hatte Khadija wie eine Sklavin gelebt, konnte nicht einmal lesen und schreiben.

Ab und zu sah Onkel Omar nach mir. «Hast du Schmerzen?», fragte er. Ich nickte.

«Bekommst du Medikamente?» Ich schüttelte den Kopf.

Daraufhin zitierte er einen Arzt an mein Bett. «Machen Sie das Mädchen gesund», sagte mein Onkel. «Seit vier Wochen ist sie hier. Sehen Sie zu, dass Sie ihr endlich helfen!» Dann verschwand er wieder in die Botschaft.

Stundenlang lag ich im Bett, starrte an die Zimmerdecke, auf die braunen Wasserflecken auf schmutzig beigem Grund, bis sie Gestalt annahmen und zu Figuren und Gesichtern wurden. Ich dachte mir Geschichten zu ihnen aus. Ich fühlte mich verlassen und einsam und langweilte mich. Da ich viel Zeit im Bett verbrachte, ließen irgendwann auch die Gelenkschmerzen nach. Die Verformungen der Finger und Zehen jedoch blieben. Einige Zehen hatten aufgehört zu wachsen, sodass sie alle unterschiedlich lang waren. Immer wieder betete ich und hoffte, dass eines Tages alles vorbei wäre, dass ich wieder schöne Hände und Füße bekäme. Unterdessen strich mir der Doktor übers Haar, maß Blutdruck und Puls, klopfte meine Brust und meinen Rücken ab, ließ mich tief ein- und dann wieder ausatmen.

«Seit drei Monaten ist nichts geschehen», schimpfte Onkel Omar. «So eine Behandlung kann das Mädchen auch in Somalia bekommen. Dort würde sie nicht einmal den Schulunterricht versäumen!»

Wenige Tage später verkündete ein anderer Arzt, ein Nervendefekt sei möglicherweise Ursache meiner Beschwerden; man wolle das mittels einer Elektroschockbehandlung untersuchen. Eine Schwester schnallte mich an, damit ich mich während der Prozedur nicht bewegte. Mit Nadeln punktierte der Arzt verschiedene Nervenbahnen entlang meiner Wirbelsäule, an den Schultern sowie den Knien. Ich schrie mir die Seele aus dem Leib. Schließlich beendete Onkel Omar die Qual; ganz offensichtlich seien meine Nerven ausgesprochen sensibel und intakt, und mein Rheuma könne man hier wohl nicht heilen.

Ohne weitere Erklärungen wurde ich entlassen.

Schreiend schreckte ich hoch, schweißgebadet und zitternd. Von weit her drang eine Stimme durch die Nacht, sie erreichte kaum mein Ohr. Nur langsam erkannte ich die Stimme, Khadija rief meinen Namen. Nun sah ich ihr Gesicht, sah sie neben mir, spürte ihre Hände an meinem Körper. «Psssst ...» Sie zog meinen Kopf an ihre Brust.

Mein Körper bebte. Ich weinte haltlos, hart schlugen meine Zähne aufeinander. Ich hatte geträumt, und schon im Traum hatte ich geweint. Ich spürte den Schreck noch in allen Gliedern, und doch konnte ich mich an kein einziges Bild erinnern. Meine Schwester flüsterte: «Alles wird gut», und strich über mein Haar. Sie wiederholte meinen Namen wie ein Mantra.

«Ich hab Bauchweh», schluchzte ich. «Mein Bauch tut so weh.»

«Alles wird gut», sagte Khadija noch einmal, und ich ließ mich sinken, an ihre weiche Brust, schlang meine Arme um meinen Körper, hielt mich fest und ließ mich halten. Das Weinen wurde leiser, der Schreck ebbte ab, das Zittern, das Böse zog sich zurück, wie eine Welle.

Und brandete, übermächtig, im nächsten Moment wieder auf, brach über mir zusammen, wie eine Springflut. Ich weinte, ich schrie: «Mama!»

Wenige Wochen später wurde Onkel Omar aus der Botschaft in Rom abberufen und nach Kenia versetzt. Die Familie begann zu packen; auch ich packte meinen Koffer. Onkel Omar flog voraus, um in Nairobi ein Haus zu mieten.

Oft sah ich Khadija weinen, doch wenn ich fragte, warum, sagte sie nur, sie habe Zwiebeln geschält, es sei nichts.

Wenige Tage vor dem geplanten Abreisetermin erklärte meine Tante, dass ich nicht mitreisen würde. «Du fliegst nach Deutschland. Dein Onkel hat alles arrangiert.»

Onkel Abdulkadir hatte einen Angestellten der somalischen Botschaft in Bonn, einen Freund, der ihm verpflichtet war, gebeten, sich um mich zu kümmern. Man würde mich vom Flughafen abholen. Bis zum Beginn der Behandlung würde ich bei ihm und seiner Familie wohnen. Sobald ein Bett frei wäre, würde er mich in eine Spezialklinik in der Nähe Bonns bringen.

Dort würde man meine Krankheit heilen.

Mit einem Schild um den Hals traf ich auf dem Flughafen Köln-Bonn ein. Eine Stewardess übergab mich einer Flughafenmitarbeiterin, die mich in einen Wartebereich führte. Sie sagte etwas, was ich nicht verstand, und verschwand.

Mit meinem Köfferchen in der Hand stand ich dort, versteinert vor Angst. Menschen liefen hastig vorbei, und sie schienen sich zu streiten, denn ihre Sprache klang so hart. Niemand lächelte. Es war hier noch kälter als in Italien.

Niemand kam, um mich abzuholen.

Nach einer Weile erschienen zwei Männer. Sie trugen Uniformen, und an ihren Hüften hingen Pistolen. Einer beugte sich zu mir herab und sagte etwas. Der andere deutete auf meinen Koffer. Ich griff nach dem Koffer und rannte los, wie von Sinnen, lief den Flur entlang, lief, so schnell ich konnte, doch der Koffer war plötzlich sehr schwer, er schlug gegen meine Beine, schleifte über den Boden. Die Männer folgten mir. Einer rief etwas. Dann holten sie mich ein. Eine Hand legte sich auf meine Schulter, eine Hand auf meinen Arm. Eine weitere Hand griff nach dem Koffer. Ich schrie und wand mich aus der Umklammerung, der Koffer fiel zu Boden, ich stolperte, ein lautes Krachen, die Verschlüsse des Koffers gaben nach, und meine gesamten Habseligkeiten rutschten über die steinernen Fliesen. Tränen schossen mir in die Augen. Einer der Polizisten lachte. Der andere bückte sich und griff nach meinen Sachen. Ich klaubte meine Blusen und Unterhosen zusammen, riss dem Fremden einen Rock aus den Händen, ein Nachthemd, versuchte zu retten, was zu retten war.

Da rief eine Stimme meinen Namen.

Ein Mann in Livree stellte sich als Chauffeur Seiner Exzellenz des somalischen Botschafters vor. Am liebsten hätte ich ihn angeschrien, warum er erst jetzt komme, warum er mich hatte warten lassen und diesen Furcht erregenden Fremden ausgesetzt hatte. Doch ich schwieg, schloss meinen

135

Koffer und folgte ihm. Er führte mich zu einem schwarzen Mercedes. Erleichtert ließ ich mich auf die Rückbank sinken. Leder knirschte, ich roch den schwach scharfen Geruch von Motoröl und spürte den Luxus. Wenigstens etwas war so, wie ich es kannte.

Stumm steuerte der Chauffeur die Limousine durch den Verkehr. Ich staunte, denn die Straßen waren sehr sauber, die Bordsteine gefegt. Sogar die Bäume wuchsen hier ordentlicher als in Somalia, nicht so wild. Alle Menschen schienen ein Ziel zu haben, auf das sie zusteuerten. Die Deutschen sind gute Menschen, hatte einer meiner Onkel in Mogadischu gesagt, vor allem Hitler, denn der habe etwas gegen die Juden getan. Deshalb hatte mein Onkel einen seiner Söhne Hitler genannt. Hitler und ich hatten manchmal Fangen gespielt. Wir hielten vor einer Villa, die umgeben war von hohen Bäumen. Sie wirkten wie düstere Figuren, die jemand zurückgelassen und vergessen hatte. Etwas Trostloses lag über dem Haus und seinem Garten. Der Chauffeur trug meinen Koffer eine Treppe hinauf und drückte auf einen schwarzen Knopf. Vom Himmel regnete Eis. Ich fror erbärmlich. Die eiserne Tür öffnete sich, und ein Dienstmädchen erschien. Ohne etwas zu sagen, schob sie mich durch die Tür.

Innen war das Haus weitläufig. Am Ende der Eingangshalle führte eine Treppe in die obere Etage, links konnte man durch die offen stehende Flügeltür in einen Salon sehen. Ich hörte Stimmen. Das Dienstmädchen klopfte an eine Tür, und nach einigen Sekunden rief jemand «Herein». Vor einem Frisiertisch saß eine ältere Frau, sie trug einen eleganten Morgenrock und löste Lockenwickler aus ihrem

Haar. Ich erkannte eine Freundin von Tante Madeleine. Es war einige Zeit vergangen, seit wir uns in Mogadischu gesehen hatten. Ich grüßte, und da ich den Blick, mit dem sie mich ansah, nicht zu deuten wusste, fügte ich hinzu: «Ich bin die Tochter von Onkel Adbulkadir.»

«Hm», sagte die Frau und zog eine Haarnadel aus einem Lockenwickler. Ich kam mir sehr überflüssig vor. Sie griff nach einem Kamm und begann, ihr Haar zu toupieren, gab dem Dienstmädchen eine Anweisung in einer fremden Sprache, musterte mich kurz und murmelte dann: «Wir haben Besuch. Aber das Mädchen wird schon einen Schlafplatz finden.»

Man quartierte mich in einem Zimmer am Ende des Flurs ein, in dem bereits vier andere Kinder schliefen. Unsere Matratzen lagen auf dem Fußboden. Als ich fragte, in welchen Schrank ich meine Kleider hängen könne, antwortete eine Frau: «Es lohnt sich nicht auszupacken. Du bleibst nicht lange.»

Auch die folgenden Tage waren bestimmt von einer Atmosphäre kalter Gleichgültigkeit. Niemand interessierte sich für mich, niemand sprach mit mir, und wenn, behandelte man mich wie eine Bittstellerin. Man gab mir zu verstehen, dass ich zu einem anderen Stamm gehörte und dass man meine Familie nicht sehr schätzte. Ich war wie vor den Kopf geschlagen. In Mogadischu waren der Botschafter und seine Frau Freunde von Onkel Adbulkadir und Tante Madeleine gewesen, sie hatten uns besucht, wir hatten gemeinsam gegessen und gefeiert. Hier beschuldigte man mich sogar des Diebstahls: Ein goldenes Amulett war verschwunden, und die Frau des Botschafters stürmte ins Zim-

137

mer, riss meinen Koffer auf und durchwühlte ihn, während der Rest der Familie um uns herumstand und zusah. «Ich habe es nicht nötig zu stehlen», rief ich wütend. «Ich besitze Schmuck, meine Familie hat mir viel Gold geschenkt.»

Dass die Frau des Botschafters das Amulett nicht fand, bekräftigte ihren Verdacht nur. «Du hast es vergraben, um es später zu holen», zischte sie. «Sag mir, wo du es versteckt hast!» Ihr Sohn schlug mich, ihre anderen Kinder überzogen mich mit wüsten Beschimpfungen. Krank und unerwünscht, lag ich auf meiner Matratze in einem fernen Land, schlang die Decke um mich und weinte mich in den Schlaf.

Die Einzige, die ein nettes Wort für mich fand, war Irina, die russische Köchin. Sie arbeitete schon seit langem in der somalischen Vertretung, hatte Botschafter kommen und gehen sehen. Manchmal gab sie mir zu verstehen, dass der jetzige nicht ihr Herzensfreund war. Irina sprach ein wenig Somali, und ich saß oft in ihrer Küche und sah zu, wie sie das Abendessen für die fetten, verwöhnten Kinder des Botschafters zubereitete.

Der Chauffeur fuhr mich in die Klinik. Am oberen Ende der Auffahrt stoppte er, stieg aus und stellte meinen Koffer in den Kies. Ich bat ihn, mir zu helfen und den Koffer ins Foyer zu tragen. Er zögerte. Wortlos und wütend streckte ich ihm meine krummen Finger entgegen.

Am Empfang begrüßte mich eine Schwester. Als sie merkte, dass ich kein Deutsch verstand, sprach sie englisch. Mein Onkel habe bereits alle Aufnahmeformalitäten geregelt, man erwarte mich. «Komm», sagte sie, nahm den Koffer und reichte mir die Hand. «Ich zeige dir dein Zimmer.»

Artig wie ein kleines Mädchen folgte ich. «Ich bin Schwester Ute», sagte die Frau. Schwester Ute hatte sehr langes, weiches Haar. Sie war schlank, und jedes Mal, wenn sie lachte, bildeten sich Grübchen um ihren Mund. Am meisten jedoch faszinierten mich ihre Hosen. Sie waren noch enger als meine und Saidas gebleichte Jeans. Jetzt drückte sie auf einen Knopf an der Wand. Eine Tür sprang auf, und wir bogen in einen breiten Flur, an dessen Seiten sich grüne Türen aneinander reihten. Vor einer Tür saß ein Mann auf einem viel zu kleinen Stuhl. Als wir vorbeiliefen, sah er erwartungsvoll hoch. Schwester Ute schüttelte den Kopf, sagte: «Tut mir Leid, wir haben noch keine Neuigkeiten.» Der Mann sank zurück. Wir betraten einen zweiten Flur, hier waren alle Türen blau gestrichen.

«Hier ist es», sagte Schwester Ute und klopfte an eine der blauen Türen. Ich trat in ein geräumiges Zimmer, an dessen Längsseite zwei Betten standen. Eines war leer, in dem anderen lag ein Junge. Er schien zu schlafen. Ein dünner Speichelfaden rann aus seinem Mund. Schummeriges Licht fiel durch die Fenster, und ich hätte gern die Gardinen aufgezogen, um hinauszusehen. «Wollen wir deine Sachen in deinen Schrank räumen?», fragte Schwester Ute. «Möchtest du, dass ich dir helfe?»

In den folgenden Tagen wurde ich vom leitenden Professor und von einigen Ärzten untersucht. Man maß und wog mich. Wieder waren alle entsetzt über mein Untergewicht. Man nahm mir Blut ab, führte EKGs und EEGs durch und röntgte mich. Am Ende bestätigte der Professor die Diagnose des togolesischen Arztes: Ich litt unter Rheuma. Meine Hand- und Fußgelenke sowie Knie und Hüften waren schon von der degenerativen Erkrankung betroffen, vor allem an Händen und Füßen war die Knorpelschädigung der Gelenke bereits fortgeschritten. «Das ist weder zu ändern noch zu stoppen», sagte der Professor in einer Deutlichkeit, die ich bislang nicht erlebt hatte und die mich zutiefst erschreckte. «Alles, was wir tun können, ist, das Fortschreiten der Krankheit zu verlangsamen.»

Der Professor verordnete krankengymnastische Übungen, Wärme- und Kältebehandlungen sowie Massagen. Und er schickte mich zum Schwimmunterricht im klinikeigenen Pool. Weil ich nicht schwimmen konnte und lieber gestorben wäre, als das zuzugeben, sank ich wie ein Stein, kaum dass der Bademeister mich losließ. Fortan paddelte ich mit einem Gummireifen um den Bauch durchs Becken. Jeden zweiten Nachmittag spielte ein Sporttherapeut mit mir Tischtennis. Die Schwestern fütterten mich mit Vitaminen. Außerdem bekam ich Medikamente; bereits zum Frühstück schluckte ich drei Tabletten, über den Tag folgten weitere, und als ich am Abend nachrechnete, kam ich auf neun verschiedene Pillen.

Allein sie machten mich satt.

Doch dann geschah etwas Ungewöhnliches: Ich frühstückte plötzlich wieder, verspeiste dann mittags ein Hähnchen, aß zwei Becher Joghurt und eine Tafel Schokolade zum Nachtisch – und war zwei Stunden später wieder hungrig. Mein Körper quoll in Windeseile auf, und mein Gewicht verdoppelte sich. Meine Hosen und T-Shirts wurden mir zu eng, und bald rieben meine Beine beim Laufen aneinander. Und dann platzte die Haut. Niemand hatte mir gesagt, dass ich mich eincremen solle. Niemandem fiel auf, dass ich weiterhin dreimal täglich duschte, so, wie ich es in Mogadischu getan hatte, nur dass das im deutschen nasskalten Klima vollkommen überflüssig war. Schwester Ute bemerkte schließlich, dass etwas nicht stimmte. «Besucht dich deine Familie nicht?», fragte sie.

Ich schüttelte den Kopf. Weder der Botschafter noch seine Frau hatten von sich hören lassen. Einmal war ich am Wochenende zu ihnen gefahren; man hatte nicht einmal mehr eine Matratze für mich gehabt. Ich hatte die Frau des Botschafters um Geld für ein neues T-Shirt gebeten, sie aber hatte nur gehöhnt: «Bin ich die Bank von England?», und ihrer Tochter dabei einen Hundertmarkschein zugeschoben. Als man mir die Decke nahm, mit der ich mich auf eines der Sofas zurückgezogen hatte, und sagte, ich könne mir stattdessen ein Handtuch aus dem Bad holen, beschloss ich, nicht mehr zurückzukehren.

Am nächsten Morgen packte Schwester Ute eine Tüte aus und zog einen Rock, eine Bluse und ein Paar Sandalen hervor. «Zieh das an», sagte sie. «Wir fahren in die Stadt.» Mit neuen Turnschuhen, einer Hose, einem passenden Pullover, mehreren T-Shirts und Unterwäsche kehrten wir zurück. Ich erfuhr nie, woher das Geld stammte; hatte Onkel Abdulkadir etwas angewiesen, oder hatte mich Schwester Ute auf ihre Kosten eingekleidet?

Ich erwachte mit Bauchweh. Im Lauf des Tages wurde es stärker, etwas riss und zerrte in meinem Leib, trampelte darin herum. Mein Rücken schmerzte. Als ich am Nachmittag zur Toilette ging, entdeckte ich Blut in der Unterhose. Mit zitternden Fingern säuberte ich mich und wusch meinen

Slip. Zwei Stunden später zeichnete sich ein großer Fleck auf meiner Jeans ab. Weinend lief ich zur Toilette. Wie einen Geist sah ich plötzlich die Beschneiderin vor mir, ihre verkrüppelten Finger, die Lichtung, die Dornen. Ich wusste nicht, was es war, doch etwas in mir musste kaputtgegangen sein. Man würde mich sicher ein weiteres Mal beschneiden müssen! Angst schnürte mir die Kehle zu. Was hatte ich falsch gemacht? Hatte ich schwanger werden können? Ich hatte doch noch niemals Geschlechtsverkehr gehabt! Würde ich ein Kind bekommen?

Auf jeden Fall war es meine Schuld, das war klar.

Ich lief den Flur entlang. Im Zimmer stieß ich mit Schwester Ute zusammen, die gerade Medikamente verteilte. «Warum weinst du?», fragte sie. Ich schämte mich, aber größer als die Scham waren der Schreck und die Verzweiflung, und ich erzählte von dem Blut in meiner Hose. «Das ist nicht schlimm», sagte Schwester Ute freundlich und wischte mir die Tränen aus dem Gesicht. «Nun bist du eine Frau.» Sie erklärte mir, was ich wissen musste, gab mir eine Binde und ein Mittel gegen die Schmerzen. Ein paar Tage später ließ die Blutung nach, und das Bauchweh verschwand.

Mehrere Monate absolvierte ich mein Rheuma-Therapieprogramm. Die Schmerzen in den Gelenken ließen nach, sie schwollen, selbst wenn ich sie belastete, kaum noch an. Es fiel mir schwer zu glauben, was der Professor gesagt hatte. Vielleicht war meine Krankheit doch noch zu heilen? Ich redete mir selbst zu, ebenso, wie ich dem spastisch gelähmten Jungen, mit dem ich das Zimmer teilte, zuredete.

«Du kannst laufen», sagte ich zu ihm, wenn ich abends an seinem Bett saß. «Du musst es nur wollen!» Als Nomadenkind hatte ich gelernt, wie wichtig Durchhaltevermögen und Wille waren. «Und hör auf zu sabbern.»

Es war ein Freitagnachmittag, als ich ziellos durch die Stadt lief. Schwester Ute hatte mich zu sich eingeladen, doch ich hatte abgelehnt, denn ich hatte bereits das vergangene Wochenende bei ihr verbracht und wollte ihr nicht zur Last fallen. Vor dem Rathaus setzte ich mich auf den Rand eines Brunnens und schloss die Augen. Die Steine waren warm von der Sonne. Es dauerte einen Moment, bis ich begriff, dass eine Stimme mit mir sprach. Ich öffnete die Augen. Ein Mann stand vor mir, er trug eine Hose aus schwarzem Leder, eine Weste und hatte ein Tuch um die Stirn gebunden. Seine groben Stiefel sahen aus, als müsste er sehr in ihnen schwitzen. Er musterte mich interessiert, weder freundlich noch aggressiv. «Was macht eine Afrikanerin in Bonn?», wiederholte er seine Frage.

«Ich wohne hier», antwortete ich.

«Tatsächlich. Wo denn?»

Ich zögerte. Dann sagte ich: «Beim somalischen Botschafter.»

«Hmm.» Er rieb seinen Bart, drehte, zwirbelte. Und schwieg. Ich überlegte, ob meine Antwort ihn beeindruckt hatte. Als ich gerade fragen wollte, wo er denn wohne, fragte er: «Hast du Lust, Motorrad zu fahren?»

Ich nickte. «Klar.»

Er deutete in Richtung eines Parkplatzes. Dort stand ein schwarzes Motorrad. «Ich heiße übrigens Peter.»

Ich stieg auf, und wir verließen die Innenstadt und fuhren eine lange Ausfallstraße entlang. Der Wind zerrte an meinem T-Shirt, aber er war warm und angenehm und erfrischend. Ich hatte noch nie auf einem Motorrad gesessen. Ein wenig ängstlich hielt ich mich an Peter fest und gab Acht, nicht von den Fußrasten abzurutschen. Wir ließen die Stadt hinter uns und folgten einer Landstraße, die durch Maisfelder und Wiesen führte. Peter fragte, ob er zu schnell fahre; ich sagte, es sei alles in Ordnung. Doch sobald sich das Motorrad in eine Kurve legte, rutschte mein Magen ein Stück höher.

Peter bog von der Landstraße auf einen Feldweg. Es rumpelte, und ich klammerte mich noch fester. Ein herunterhängender Zweig strich über meinen Helm und machte ein seltsames Geräusch. Ich hatte keine Ahnung, wohin wir fuhren.

«Wir treffen ein paar Kumpels am See», sagte Peter. Ich nickte, als wüsste ich Bescheid.

Am Ufer des Sees standen ein halbes Dutzend Motorräder. Ihre Besitzer lagen im Gras und tranken Bier. Alle sahen erstaunt auf und musterten mich. Jemand fragte: «Wer ist das denn?»

«Fadumo», sagte Peter. «Wohnt beim Botschafter.» Alle schienen beeindruckt. Einer der Rocker setzte sich auf und fragte: «Bei welchem Botschafter?»

«Beim somalischen Botschafter», antwortete ich.

«Du kommst aus Somalia?», fragte ein anderer.

«Ja», sagte ich.

«Wo liegt Somalia eigentlich?», fragte Peter und nahm sich ein Bier.

Wir unterhielten uns in einem Kauderwelsch aus Englisch, Deutsch, Italienisch und Somali. Als es dämmerte, machte jemand ein Feuer. Ein anderer zog eine Plastiktasche aus dem See, in der Würstchen steckten. Peter spießte eines auf einen Stock und reichte es mir; wie die anderen hielt ich den Spieß ins Feuer und ließ das Würstchen braun werden. Jemand drehte eine Zigarette, zündete sie an, nahm ein, zwei Züge und reichte sie weiter. Der Tabak roch süß. Als ich müde wurde, gab Peter mir einen Schlafsack. Ich rollte mich hinein, sah die Sterne über mir, so dicht, der Himmel schien zum Greifen nah. Ich überlegte, wie lange es her war, dass ich eine Nacht im Freien verbracht hatte. Mit leiser Musik, ihren Stimmen und dem Geräusch knisternder Holzscheite im Ohr schlief ich ein.

Ich verbrachte eine ganze Woche mit den Rockern. Tagsüber fuhren wir Motorrad. Einmal schlief ich während der Fahrt sogar ein und wäre beinahe heruntergefallen. Gegen Abend besorgte jemand etwas zu essen. Wir übernachteten in besetzten Häusern, an einem See oder auf einer Wiese. Manchmal stießen weitere Freunde oder ein paar Mädchen dazu, doch meist war ich mit Peter und seinen Freunden allein. Fast fürsorglich kümmerten sie sich um mich, behandelten mich wie eine exotische Prinzessin, und ich fühlte mich großartig, denn dieses Leben war so anders als alles, was ich bisher kennen gelernt hatte. Eines Tages fragte der Anführer der Clique: «Was ist eigentlich mit deinem Botschafter? Sucht er dich nicht?»

Am nächsten Morgen fuhr Peter mich zurück nach Bonn.

Im Krankenhaus lief ich Schwester Ute in die Arme. «Wo hast du gesteckt?» Sie war völlig außer sich. Ich hatte ver-

mutet, dass mein Fehlen niemandem auffallen würde, und
so war es anfangs auch gewesen. Im Krankenhaus dachte
man, ich sei beim Botschafter; dort wähnte man mich im
Krankenhaus. Aber als Schwester Ute sich zu wundern begann, dass ich nicht zu den Behandlungen erschien, rief sie
schließlich in der Botschaft an. Die Sorgen steigerten sich,
als Onkel Abdulkadir in Bonn eintraf und erklärte, er wolle
seine Tochter holen. Plötzlich bekam ich ein schlechtes Gewissen, weil ich den einzigen Menschen, der sich überhaupt
um mich gekümmert hatte, so erschreckt hatte. «Es tut mir
Leid, Schwester Ute», sagte ich. Sie antwortete nur: «Setz
dich auf diesen Stuhl und rühr dich nicht von der Stelle.»
Dann ging sie ins Nebenzimmer, und ich hörte sie telefo-
nieren.

«Holen wir deine Sachen», sagte Schwester Ute, als sie
zurückkam. Plötzlich packte mich Angst, ich wollte auf keinen Fall zurück ins Haus des Botschafters.

«Ich fahre nur, wenn du mitkommst», rief ich und versperrte ihr mit beiden Armen den Weg.

«Ja, ich fahre dich. Dein Onkel erwartet dich schon.»

Als Schwester Utes himmelblauer Käfer die Einfahrt hin-
aufknatterte, sah ich Onkel Abdulkadir schon auf der Treppe stehen. Kaum hielt das Auto, riss ich die Tür auf und
stürzte in seine Arme. Alles brach aus mir heraus, ich erzählte von all den Kränkungen und Gemeinheiten und von
meiner Einsamkeit. Onkel Abdulkadir stellte keine Fragen.
Wir gingen nicht einmal mehr ins Haus, um uns von dem
Botschafter und seiner Frau zu verabschieden.

Stattdessen zogen wir in ein Hotel. Onkel Abdulkadir kleidete mich neu ein und ging mit mir zum Friseur.

Wir kauften Geschenke für die Familie, ich suchte Tücher für meine Mutter aus, Cremes und Öle, Parfüms und Schmuck. Onkel Abdulkadir sah mir zu. Er lachte, und trotzdem wirkte er irgendwie bedrückt. Ich fragte, ob ich zu viele Geschenke ausgesucht hätte. «Nein, Kind», sagte er. «Kauf, was dir gefällt.»

Am nächsten Morgen fuhren wir zu einer abschließenden Untersuchung ins Krankenhaus. Onkel Abdulkadir beglich die Rechnung. Die Ärzte ermahnten mich, weiterhin gymnastische Übungen zu machen, und gaben mir Medikamente mit.

Von der Klinik fuhr uns ein Taxi zum Flughafen.

• FÜNF •

MOGADISCHU WIRKTE PLÖTZLICH SO STAUBIG und provinziell. Überall liefen Menschen umher, die wenigsten waren ordentlich gekleidet, manche trugen nicht einmal Schuhe. Die Luft schwirrte nur so von Geräuschen und Gerüchen. Das Durcheinander war mir ungewohnt geworden. Ich wischte mir eine Fliege von der Hand und staunte, wie ein Land nur so chaotisch sein konnte.

Die Familie holte uns am Flughafen ab, und meine Cousinen hätten am liebsten sofort meine prall mit Geschenken gefüllten Koffer und Taschen ausgepackt. Aber ich hielt sie noch ein wenig hin. Dabei gab ich mächtig an und tat, als habe man mich in Europa wie eine Prinzessin behandelt. Und nun kehrten Durchlaucht nach Hause zurück und beschenkten die Untertanen. Es dauerte nicht lange, und meine Cousinen und ich bekamen Streit. «Dickwanst», blaffte Saida und wandte sich ab. Bislang hatte sie mich in solchen Momenten immer Bohnenstange genannt.

Das Haus war während meiner Abwesenheit zu einem wahren Palast umgebaut worden, ich erkannte es beinahe nicht wieder. Wohin man auch sah, überall Luxus und Pracht. «Pack endlich aus», drängte Idil. Gönnerhaft ließ ich die Verschlüsse meiner Koffer aufschnappen. Als alle ihre Geschenke bekommen hatten, nahm ich einen goldenen Tiegel aus dem Koffer. «Schau», sagte ich, «diese Creme ist für meine Mutter», und reichte Idil das Döschen, damit sie es bewunderte. «Onkel Abdulkadir hat mich so viele Geschenke kaufen lassen! In den nächsten Ferien darf ich meine Eltern bestimmt besuchen.»

Idil erstarrte mit dem Tiegel in der Hand, Saida schaute mich erschrocken an. «Aber deine Mutter ist tot», sagte sie. «Weißt du das nicht?»

Eine kalte Hand fasste nach den Eingeweiden in meinem Bauch und entzog ihnen alle Kraft. Angst kroch hinein. «Warum sagst du so etwas?», fragte ich leise. «Warum bist du so gemein? Warum wünschst du, dass meine Mutter stirbt, sag, warum hast du so böse Gedanken? Was habe ich dir getan? Ich verfluche dich!» Ich wurde wütend und warf einen Schuh nach meiner Cousine.

«Es ist wahr!», schrie Saida. «Deine Mutter ist seit Monaten tot!» Die Tür flog hinter ihr zu.

Ich verstummte.

Eiserner Schmerz in meinem Rücken.

Mein Herz hörte auf zu schlagen.

Am Nachmittag kamen meine Brüder Ahmed und Jama. Doch ich wollte mit niemandem mehr sprechen. Ich lag im Garten unter einem Baum, wie der abgeworfene Panzer eines Insekts, ein Körper, aus dem alles Leben verschwunden war, auch wenn meine Augen noch sahen, meine Lungen atmeten, meine Beine mich trugen.

Ich konnte nicht fassen, dass meine Mutter tot war.

Ich konnte nicht glauben, dass man mich belogen hatte.

Ich konnte nicht einmal weinen.

Onkel Abdulkadir kam am späten Nachmittag. Er setzte sich neben mich, und lange sagte keiner von uns ein Wort.

Er legte nur seinen Arm um meine Schultern. Irgendwann sah ich, dass er weinte. «Ich wollte dich nicht belasten. Du warst so glücklich in Bonn, du sahst so wunderschön aus mit all deinen Geschenken, deiner Freude. Ich habe es nicht übers Herz gebracht.»

«Du hast mich ins Unglück laufen lassen.»

«Ich wollte dich beschützen, Tochter.» Er drückte mich an sich. «Du solltest es nicht so erfahren.»

Meine Beine waren wie aus Watte, mein Kopf voller Gas.

Die Welt schien zu schweben.

Nur der Schmerz drückte mich zu Boden.

«Ich will mit euch allen nichts mehr zu tun haben.» Ich stand auf. Mein Körper, so leicht, federleicht, und doch war jede Bewegung so mühsam, als zöge eine Kraft von unten an meinen Gliedmaßen. Diese atemberaubende Leere. Von einer Familie zur nächsten hatte man mich gereicht. Und inzwischen war der einzige Mensch, dem ich mich tief und unauflöslich verbunden fühlte, gestorben.

Was hatte das Leben jetzt noch für einen Sinn?

Ich ging ins Bad, füllte Wasser in ein Glas und schluckte alle Tabletten, die ich in meinem Gepäck fand.

Man pumpte mir den Magen aus.

Mechanisch, wie eine Puppe, bewegte ich mich durch die folgenden Tage, gehorchte, wenn man mir etwas auftrug, erledigte, was zu tun war. Die Sehnsucht, die ich nach meiner Mutter gehabt hatte, war nichts gegen den Schmerz, der sich nun in meinen Körper fraß.

Ich vertraute niemandem mehr, auch nicht Onkel Abdulkadir. Anfangs klopfte er an meine Zimmertür und suchte meine Nähe. Aber ich wies ihn ab. Zwang er mich, so hörte ich zu; doch seine Worte erreichten mich nicht. Sie glitten ab an dem Schutzwall, hinter dem ich mich verschanzte, der mich umgab wie eine dicke dunkle Gummischicht.

Jede Nacht sah ich meine Mutter im Schlaf. Ich sah sie in der Steppe am Zaun unseres Lagerplatzes stehen. Die linke Hand in die Hüfte gestützt, winkte sie meinem Vater und mir nach. Meine Mutter war in jener Nacht gestorben, als ich in Rom von ihr geträumt hatte. Mit ihr hatte ich ein Stück Heimat verloren.

Ich hasste alle, die mich zwangen, am Leben zu bleiben.

Ich hörte auf zu essen.

Irgendwann zog sich Onkel Abdulkadir von mir zurück. Er und Tante Madeleine stritten immer häufiger. Nachts hörte ich ihre Stimmen, manchmal knallten Türen. Verwandte aus Tante Madeleines Familie besuchten uns, aber kaum waren sie abgereist, erschienen Verwandte von Onkel Abdulkadir. Trafen die Vertreter beider Familien aufeinander, herrschte eine Art Belagerungszustand im Haus. Offenbar übte man Druck auf Onkel Abdulkadir aus. Er solle sich endlich wie ein Somali und nicht wie ein Europäer verhalten. Bislang hatten solche Angriffe von außen die beiden nur noch enger zusammengeschweißt. Aber nun bekam ich mit, wie mein Onkel meiner Tante verbot, nach Dschibuti und nach London zu reisen. Er drohte, ihr Auto zu verkaufen. Es gehöre sich nicht, dass eine Frau Auto fuhr, sagte er. Tante Madeleine wehrte sich und schrie ihn an. Ich hielt mir die Ohren zu. Diese Auseinandersetzungen machten mir Angst. Niemals hatte Onkel Abdulkadir seiner Frau Vorschriften gemacht. Im Gegenteil: Er hatte ihre Freiheit und Selbständigkeit immer gefördert und sie vor jeder Kritik in Schutz genommen. Hier hatte sich etwas Grundlegendes verändert, aber ich verstand einfach nicht, was.

Es vergingen Tage, in denen Tante Madeleine mit niemandem ein Wort wechselte. Auch mir gegenüber verhielt sie sich abweisend, so als hätte sie mich überhaupt nie in ihrem Haus haben wollen. Sie verließ kaum noch ihr Zimmer. Die Dienstboten vernachlässigten ihre Arbeit, im Garten wucherten die Sträucher, vertrockneten die Blumen, die Bäder, früher undenkbar!, wurden nicht mehr geputzt. Die äußere Verwahrlosung machte mich noch trauriger. Ich schloss die Augen, hörte Musik und träumte mich weit fort. Ich wünschte mir, Einbrecher würden uns überfallen, ausrauben und töten, und alles hätte ein Ende. In der Schule hatte ich Schwierigkeiten, dem Unterricht zu folgen, in meinem Kopf stolperten die Sprachen durcheinander. Sprach man mich auf Somali oder Arabisch an, antwortete ich auf Deutsch oder Italienisch, manchmal auch auf Englisch. Nachts lag ich wach und hörte den herumstreunenden Katzen zu, die im Liebesrausch schrien. Ich weinte und wünschte so sehr, alles würde wieder so werden, wie es einmal gewesen war.

Von einer Verwandten erfuhr ich, dass Vaters neue Frau meinen kleinen Bruder Mohamed hungern ließ. Ich flehte Ahmed und Jama an, Mohamed nach Mogadischu zu holen. Doch nichts geschah. Eines Nachmittags fand ich im Arbeitszimmer meines Onkels eine Pistole. Ich sah sie an und nahm sie in die Hand. Richtete sie gegen meine Schläfe. Spürte, dass ich zu feige war, abzudrücken. Außerdem wusste ich nicht einmal, ob die Pistole geladen war.

Dann war Tante Madeleine schwanger.

Für ein paar Monate wurde das Leben wieder so, wie es vor meiner Abreise nach Europa gewesen war. Es gab Einladungen und Feste, und meine Cousinen und ich servierten bei Empfängen. Aber kaum war der kleine Husen geboren, brachen die Streitereien erneut los, und diesmal wurden sie nur noch wüster.

Wieder dieses Reißen, die Faust in meinem Bauch. Ein Zerren, ein Wringen, Blut und Krämpfe. Mein Unterleib fühlte sich bleiern an, ich musste mich übergeben, tagelang. Mein Rücken schmerzte, und ich ging lahm und gebeugt, wie eine alte Frau. Diesmal war es viel heftiger als in Deutschland, und diesmal hatte ich niemanden, der mir beistand.

Es dauerte vierzehn Tage lang.

Im Monat darauf der gleiche Schmerz, die gleiche Übelkeit. Mein Bauch quoll auf, ein zum Zerreißen gespannter Ballon. Nur langsam floss das Blut durch die winzige Öffnung ab, manchmal schienen Pfropfen sie zu verschließen. Die Qual war noch viel größer als beim Urinieren. Doch ich schwieg meinen Cousinen gegenüber. Ich fühlte mich, als leide ich an etwas Unaussprechlichem.

Wieder dauerte es vierzehn Tage lang.

Kaum war eine Blutung vorüber, hatte ich schon wieder Angst vor der nächsten. Das halbe Leben bestand nun aus Schmerz; die andere Hälfte war erfüllt von der Angst vor dem Schmerz. Jedes Mal war es, als wüte ein Ungeheuer in meinem Leib, als wühle es in meinen Organen, drehe mein

Innerstes um, und kein Medikament konnte den Schmerz lindern. In der Schule schickte man mich nach Hause. Plötzlich begriff ich, warum fast alle Mädchen immer wieder im Unterricht fehlten.

Irgendwann verstand Tante Madeleine, dass ich jetzt meine Regel hatte. Sie gab mir Handtücher, weil nirgendwo Binden zu bekommen waren, und sie riet mir, bei den ersten Anzeichen ein wenig Sport zu machen, schwimmen zu gehen, mich zu bewegen und mir eine Wärmflasche auf den Bauch zu legen. Das würde die Krämpfe lindern. Tante Madeleine litt mit mir, und für einen Moment spürte ich jene alte Vertrautheit. Was ich nicht begriff, war, warum Saida jedes Mal nur über ein wenig Bauchweh klagte.

Irgendwann erfuhr es auch Onkel Abdulkadir. Er schimpfte über anachronistische Traditionen und barbarische Riten. «In die Hölle mit den Hexen», rief er. «Diese Beschneiderinnen wissen nicht, was sie den Kindern antun.» Zu Boden gedrückt von Krämpfen und Schmerzen, tat es gut zu hören, dass mein Onkel die Beschneiderin verfluchte. Ich tat es ebenfalls, jeden Tag.

«Wärst du nur früher zu uns gekommen», sagte Tante Madeleine, «dann wäre dir das erspart geblieben.» Niemand sprach es aus, doch ich begann zu ahnen, dass Tante Madeleine nicht beschnitten war und dass sie auch ihre Töchter vor der Beschneiderin bewahrt hatte.

Somalia war immer schon ein Land gewesen, in dem die Clans regierten. Präsident Siad Barre, einst angetreten für eine sozialistische Gesellschaft, gegen Clanherrschaft und Vetternwirtschaft, geriet selbst unter Druck, denn alle

Schlüsselpositionen in Politik und Wirtschaft waren mit Marehan besetzt. Angehörige anderer Clans begannen zu rebellieren.

Zugleich gelang es der Regierung nicht, die sozialen Konflikte zwischen dem Norden und dem Süden zu beenden, die wachsende Arbeitslosigkeit und das Abwandern qualifizierter Kräfte in die Ölstaaten zu stoppen. Das Militär verschlang Gelder, die in den Schulen fehlten. Staatlich kontrollierte Betriebe erwiesen sich zunehmend als unproduktiv. 1977/78 führten Somalia und Äthiopien Krieg um die Grenzregion Ogaden; die somalische Armee wurde vernichtend geschlagen, mehr als eine Million Flüchtlinge verließen den Ogaden. Es kam zum Bruch mit der Sowjetunion; die Hinwendung zum Westen brachte nicht die erhoffte finanzielle und militärische Hilfe. Außen- wie innenpolitisch steckte das Land in einer Krise. Die Bevölkerung war unzufrieden. Im April 1978 versuchte eine Gruppe von Offizieren den Präsidenten zu stürzen. Der Putsch misslang.

Das Regime reagierte mit Repression.

Zu beiden Seiten der Promenade standen Soldaten Spalier, sie trugen Gamaschen, weiße Koppelgürtel und Stahlhelme. Die Gewehre geschultert, schwitzten sie in der Sonne, die goldenen Knöpfe an ihren Hemden funkelten. Idil fächerte mir Luft zu. Überall auf den Rängen herrschte Unruhe, Menschen drängten sich, suchten ihre Plätze. Sie alle waren wichtige Würdenträger, Mitglieder des führenden Clans, der die Regierung stellte. Das Volk musste hinter den Absperrungen zurückbleiben und würde die Militärparade zum 1. Mai von dort verfolgen. Über unseren Köpfen hing, schwer und schlaff, die somalische Nationalflagge.

Plötzlich kamen Polizisten auf uns zu. Ihr Anführer sprach in ernstem Ton mit Onkel Abdulkadir. Mein Onkel erhob sich sofort und bedeutete uns, den Polizisten zu folgen. Zügig eskortierte man uns durch die Menge. Die Militärparade hatte gerade begonnen, als eine Bombe explodierte, genau dort, wo meine Familie kurz zuvor gesessen hatte.

Einen Monat später wurde ein Brandanschlag auf unsere Schule verübt. Es entstand nur Sachschaden, verletzt wurde niemand. Auf der Straße wurden wir gemieden. Wo immer Onkel Abdulkadirs Auto auftauchte, schienen die Menschen Angst zu bekommen. Kinder, mit denen meine Cousinen und ich gespielt hatten, zogen sich zurück, ihre Eltern unterbanden Verabredungen. Eines Tages sagte ein Junge: «Ihr unterdrückt das Volk. Mit euch wollen wir nichts mehr zu tun haben.»

Siad Barre war mein Onkel; sein Großvater und mein Urgroßvater waren Brüder gewesen. Manchmal hatte Onkel Siad Onkel Abdulkadir besucht. Uns Kindern war er immer unheimlich, denn er trug eine schwarze Brille, die ihn wie einen Mafioso aussehen ließ. Aber er war immer freundlich zu uns gewesen. Im Krieg gegen Äthiopien hatte er seine eigenen Söhne an die Front geschickt, um zu zeigen: Seht her, ich bin wie ihr. Das hatte mir imponiert, und es erschreckte mich, dass die Menschen nun über ihn schimpften. In ausländischen Zeitungen las ich, der Präsident sei ein Diktator. Niemand erklärte mir, was das war. Obwohl meine Familie und die Regierung eng miteinander verbunden waren, wurde zu Hause nicht über Politik gesprochen. Doch ich spürte, wie sich die Unzufriedenheit und die Unruhe in den Straßen täglich verschärften.

All das überforderte mich, und ich wurde krank.

Das Fieber kam rasch, ebenso der Schüttelfrost. Mein Körper schmerzte, alles, was ich zu mir nahm, schmeckte gallebitter, und ich erbrach es wieder. Tante Madeleine und Onkel Abdulkadir waren kurz zuvor zu einer Europareise aufgebrochen, ein letzter Versuch, ihre Ehe zu retten. Uns Kinder hatten sie in der Obhut der Hausangestellten zurückgelassen, außerdem sollte eine Verwandte Tante Madeleines nach uns sehen. Als das Fieberthermometer auf über vierzig Grad kletterte, rief das Kindermädchen sie an, bat sie, zu kommen und einen Arzt mitzubringen, denn die Verwandte verwaltete auch unser Geld. Aber sie entgegnete nur, das Kind werde sich schon erholen.

Das Kindermädchen tat alles, um das Fieber zu senken. Als die Verwandte eines Tages doch nach dem Rechten sah, erschrak sie. Der Arzt, den sie nun rief, diagnostizierte Malaria und ließ mir unverzüglich Infusionen geben, um die Austrocknung meines Körpers zu stoppen. Als Tante Madeleine und Onkel Abdulkadir von ihrer Reise zurückkehrten, war ich zwar außer Lebensgefahr, aber abgemagert bis auf die Knochen. Onkel Abdulkadir stand der Schmerz bei meinem Anblick ins Gesicht geschrieben, und ich bekam prompt ein schlechtes Gewissen.

Kaum hatte ich mich erholt, brach mein Rheuma wieder aus. Meine Gelenke schwollen auf ein Vielfaches ihrer gewöhnlichen Größe. An manchen Tagen waren beide Beine von der Hüfte bis zu den Füßen geschwollen; ich konnte nicht einmal allein zur Toilette gehen. Das Kindermädchen versorgte mich mit Wärmflaschen, Onkel Abdulkadir ließ Medikamente besorgen. Aber die Gelenke blieben steif. Jetzt bekam ich Asthma, und ich hörte auf zu wachsen. Trotzdem ging ich weiter zur Schule. Geradezu verbissen stürzte ich mich in die Vorbereitungen zur bevorstehenden Abschlussprüfung, lernte und kümmerte mich nicht darum, wenn Idil und Saida mich eine Streberin nannten. Ich hatte begriffen, dass ich eines Tages womöglich mit leeren Händen dastehen würde. Alles, was mir dann blieb, war meine Bildung.

Kaum hatte ich das Examen bestanden, beschlossen Onkel Abdulkadir und Tante Madeleine, sich zu trennen und mich nach Deutschland zu schicken.

IN DEUTSCHLAND

• • •

• SECHS •

DAS APARTMENT WAR KLEIN wie eine Streichholzschach-
tel, verfügte über eine Kochnische und eine Dusche und lag
im zweiten Stock eines Studentenwohnheims. Sahra, eine
Cousine Tante Madeleines, lebte hier mit ihrem Bruder Jamal und ihrem Stiefkind Rashid. Deutsche Ärzte sind die
besten, hatte Onkel Abdulkadir erklärt. Außerdem sei ich
bei Verwandten besser aufgehoben als bei Fremden.

So kam ich nach München.

Plötzlich spielte sich mein Leben auf engstem Raum ab.
Wir schliefen zu viert in einem Bett. Es störte mich nicht.
Ich war froh, mein krisengeschütteltes Zuhause hinter mir
gelassen zu haben. Die Luftveränderung tat meinem Rheuma gut, und bald hatte ich kaum noch Schmerzen. Jamal,
der ein Stipendium bekommen und ein Elektrotechnikstu-
dium begonnen hatte, nutzte seine Kontakte, suchte verschiedene offizielle Stellen auf, stellte Anträge auf Familien-
zusammenführung und gab mich als seine Ehefrau aus. Am
Ende konnten wir in eine Drei-Zimmer-Sozialwohnung
umziehen. Allerdings erschrak ich jedes Mal, wenn Jamal,
zum Scherz oder ernsthaft, sagte, ich sei nun mit ihm verheiratet.

Sahras Mann Ibrahim lebte in Berlin. Er war promo-
vierter Veterinär und hatte als Bester seines Jahrgangs ab-
geschlossen, doch ein schwarzer Tierarzt hatte es schwer in
Bayern. In Berlin hatte Ibrahim schließlich Arbeit gefun-

den. Rashid, sein Sohn aus erster Ehe, war nach Deutschland gekommen, nachdem die Ärzte Kinderlähmung diagnostiziert hatten. Sein rechtes Bein war kürzer als das linke. Der Junge wurde mehrmals operiert, die Ärzte hatten versucht, sein Bein zu verlängern. Schließlich bekam er eine Prothese, die immer, wenn er wieder ein Stück gewachsen war, neu angepasst werden musste. Trotzdem war Rashid ein fröhlicher Junge.

In der neuen Wohnung beanspruchte Jamal ein Zimmer für sich. Sahra, Rashid und ich teilten uns das andere Schlafzimmer. Dann lud Sahra ihre Großmutter ein, eine Frau von über achtzig Jahren, die lange Zeit in Frankreich gelebt hatte und die wir Madame La Lune nannten. Madame La Lune trank gern Gin und zog ebenfalls in unser Schlafzimmer. Schließlich kehrte Ibrahim aus Berlin zurück, um doch noch einmal zu versuchen, eine Stelle in der Nähe seiner Familie zu finden, und es wurde noch enger. Ibrahim war es auch, der sich darum kümmerte, dass ich in ein Krankenhaus kam. Er brachte mich ins Universitätsklinikum.

Dort untersuchte ein Professor für Handchirurgie meine krummen Finger. Er beugte, bog und vermaß sie und ließ sie röntgen. Er sprach mit Ibrahim, der eifrig nickte; ich saß dort und verstand kein Wort. Am Ende gaben sich die Männer die Hand. «Der Professor wird dich operieren», sagte Ibrahim, als wir mit der Straßenbahn nach Hause fuhren. «Er wird deine Finger richten.» Es klang so einfach und unwiderruflich. In wenigen Wochen würde ich schöne, gerade Hände haben! Ich war betäubt vor Glück.

Der Eingriff fand nur wenige Tage später statt.

Mit einem Gipsverband am rechten Arm wachte ich aus der Narkose auf. Am Nachmittag kam der Professor, und diesmal übersetzte Ibrahim: Man hatte in die Mittelgelenke meiner Finger Metallstifte eingesetzt; in sechs Wochen würden sie wieder entfernt. Ungeduldig sehnte ich den Tag herbei. Als die Schwester den Gips aufschnitt, sah meine Hand ganz dünn und grau aus, die Finger wirkten unnatürlich lang. Der enge Verband hatte die Fäden ins Fleisch gedrückt, sodass der Arzt mir in die Hand schnitt, als er versuchte, die Fäden zu ziehen. Die Schwester setzte mehrere Betäubungsspritzen. Dann begann der Professor, mit einer Zange die einzelnen Metallstifte aus meinen Fingern herauszuziehen; jeder Stift quietschte, wenn er sich löste und durchs Fleisch glitt.

Mit Schienen, die ich nachts anlegen sollte, einer Überweisung zum Krankengymnasten und der strikten Anweisung, mich zu schonen, wurde ich entlassen. Unterdessen hatte Sahra mit dem Geld, das Onkel Abdulkadir angewiesen hatte, an einer privaten Schule eine Ausbildung zur Fremdsprachensekretärin begonnen. Alle erwarteten, dass ich Rashid und Madame La Lune betreute und mich um den Haushalt kümmerte. Als ich fragte, ob ich auch bald wieder zur Schule gehen könnte, erwiderte Sahra, das Geld reiche nicht.

Im Frühjahr wurde ich an der linken Hand operiert. Als ich diesmal aus der Narkose erwachte, spürte ich meinen Mittelfinger nicht mehr. Anfangs sagten die Ärzte, das liege an der Betäubung, doch nach einigen Tagen war der Finger immer noch taub, und so wurde ich ein drittes Mal operiert. Aber der Finger blieb steif; zudem stand er nun in einem Winkel von zwanzig Grad ab. Niemand gab zu, dass ein Fehler gemacht worden war. Stattdessen begann man, die Operation meiner Füße zu planen, auch die Zehen sollten begradigt werden. Jedes Mal vergingen Wochen, bis die Metallstifte entfernt wurden. Jedes Mal schrie ich, wenn ich das Quietschen des Metalls im Fleisch hörte. Nach der fünften Operation waren neun Finger und ein paar Zehen halbwegs gerade, ein Finger war taub und meine großen Zehen standen schiefer ab als je zuvor. Die meiste Zeit lief ich auf den Außenkanten der Füße.

Inzwischen hatte Sahra ein Baby bekommen. Während sie zur Schule ging, versorgte ich den kleinen Mursel, außerdem Madame La Lune, die immer dementer wurde, und Rashid. Es war eine Herausforderung, die mich jedoch auch stolz machte. Ab und zu, wenn Mursel Fieber hatte oder weinte, weil er seinen ersten Zahn bekam, versäumte ich eine Krankengymnastikstunde. Nachts legte ich die Schienen seltener an, denn am besten schlief das Baby, das ich längst liebte wie mein eigenes Kind, auf meinem Bauch. Ein halbes Jahr nach der Entlassung aus der Klinik begannen meine Finger sich wieder zu verformen. Ich ignorierte es.

Unterdessen ließen Tante Madeleine und Onkel Abdulkadir sich in Mogadischu scheiden. Jahrelang hatte Tante Madeleines Familie sich für den ungewöhnlichen Schwiegersohn geschämt. Nun, als niemand mehr Rücksicht nehmen musste, entlud sich ihr aufgestauter Zorn. Sahra, ihre Mutter, die vor kurzem angereist war, sowie Madame La Lune schimpften lauthals über Onkel Abdulkadir. Sie schimpften auf Tante Madeleine, die so dumm gewesen war, ihn zu heiraten. Und sie beschimpften mich, denn ich war eine Nichte Onkel Abdulkadirs, ein Mitglied jenes unseligen Clans, der Tante Madeleine ins Unglück gestürzt hatte. Voller Häme musterten mich die Frauen jetzt, ließen ihre Blicke über meine Hände, meine Füße gleiten und nannten mich einen erbärmlichen Krüppel.

Ich verkroch mich in der Besenkammer und sperrte mich dort ein. Ich sehnte mich nach Tante Madeleine, die ich immer noch liebte, so wie ich auch Onkel Abdulkadir liebte. Die Ohnmacht, nichts für die beiden tun zu können, quälte mich. Und ich vermisste meine Mutter und meine Schwester. Ich bat Sahra, in Mogadischu anrufen zu dürfen, doch das war umständlich, man musste die Gespräche anmelden und stundenlang auf eine Verbindung warten. Teuer war es auch. Nachts wachte ich auf und lag wach, mit bleiernem Körper und schwerem Herzen. Irgendwann schloss ich die Augen und begann mir vorzustellen, ich stünde in einem Palast, in einer Halle voller Licht und Blumen, weiße Gardinen wehten leicht vor offenen Fenstern, Vögel sangen, und auf der Terrasse hörte ich Onkel Abdulkadir und Tante Madeleine, wie sie Gäste empfingen. Gläser schlugen leise aneinander, und Musik erklang, und gleich würde ich hinausgehen, und man würde mich herzlich begrüßen und mir Komplimente machen, mein blütenweißes Kleid bewundern und meine neuen Pumps, und die Botschafter ferner Länder würden meine wunderschönen neuen Hände küssen.

Ibrahim fand keine Arbeit, und so beschlossen er und Sahra, eineinhalb Jahre nach meiner Ankunft in München, in die Vereinigten Arabischen Emirate auszuwandern. Möbel-

packer gingen ein und aus, trugen Möbel fort und packten
Kisten. «Was tust du?», fragte Sahra, als ich kurz vor der
Abreise meine Habseligkeiten aus dem letzten noch stehen-
den Kleiderschrank nahm.

«Ich packe.»

«Hast du wirklich geglaubt, wir wollen dich mitnehmen?»

Mir war, als zerfiele ich zu Staub.

Am Morgen des Abflugs holten die Spediteure die letzten
Kartons. Stimmen hallten zwischen den nackten Wänden.
Mit Mursel auf dem Arm stand ich am Fenster und sah
hinunter auf die Straße. Der Möbelwagen leuchtete blau in
der Sonne. Niemand beachtete mich.

«Wo soll ich hin?», fragte ich.

Sahra kämmte sich die Haare. «Ruf deinen Onkel an»,
sagte sie, ohne aufzusehen. «Vielleicht hilft er dir.» Mursel
strich mit einem Stück Papier über meine Wange. Ich tat, als
kitzele es, und er freute sich. Der Gedanke, ihn in wenigen
Minuten für immer hergeben zu müssen, tat mir unendlich
weh. Mir war, als habe man auch mich leer geräumt.

«Erinnerst du dich an die Leute aus Augsburg, die uns
vor ein paar Wochen besucht haben?», fragte Sahra. «Die
Somalierin mit dem deutschen Mann und dem kleinen
Kind? Vielleicht kannst du bei denen wohnen.»

«Aber ich habe sie doch nur einmal gesehen. Ich kenne
sie gar nicht!»

«Es ist ja nur für ein paar Monate. Bis man dir ein Flugticket schickt.»

«Aber …»

«Hast du eine bessere Idee?»

«Aber vielleicht wollen sie gar nicht, dass jemand bei ihnen wohnt.»

«Ich werde sie anrufen …» Das Schrillen der Klingel schnitt Sahras Worte ab. Unten, neben dem Möbelwagen, stand ein Taxi. Sahras Mutter zog ihren Mantel über, Madame La Lune schwankte, als sie nach ihrem Hut griff. Sahra kam auf mich zu, nahm Mursel.

Dann blieb die Zeit stehen.

Ich hörte die Wohnungstür zufallen.

Ich weiß nicht, wie lange ich dort saß.

Ich erinnere mich, dass irgendwann ein Schrei in meiner Brust emporstieg, ein maßloser Druck, der sich seinen Weg bahnte, herausbrach, die Stille der Wohnung sprengte. Sein Echo fiel von den Wänden zurück, sank zurück in meine Brust, hallte nach und schickte Schallwellen noch in den letzten Winkel meines Körpers. Mir war, als habe mir jemand mit einem Knüppel vor die Brust geschlagen. Gleichzeitig wünschte ich, jemand würde genau das tun, nur damit ich wieder etwas spürte.

Wo sollte ich hin?

Ich erwachte aus meiner Starre, als sich ein Schlüssel im Schloss der Wohnungstür drehte. Herein kam Jamal, der nicht mit den anderen geflogen war. «Komm», sagte er, während er im Türrahmen stand und mich musterte. «Ich fahre dich nach Augsburg.»

Ja, ich erinnerte mich. Sie waren einmal zu Besuch gekommen, einen Nachmittag lang – Waris, eine Somalierin, Detlef, ihr deutscher Mann, und Said, ihr Sohn. Nun stand sie vor mir, sagte: «Herzlich willkommen» und, als ich zögernd die Stufen hinaufstieg: «Ich habe uns Tee gekocht.»

Ich schwitzte und fror und überlegte fieberhaft, was ich tun würde, wenn auch diese Frau mich nicht haben wollte. Stattdessen nahm Waris meinen Koffer, stellte ihn neben die Garderobe und schob mich sanft ins Wohnzimmer. Auf dem Tisch stand ein Kuchen, auf dem Sofa saß Said. Er schmollte. Doch dann verzog sich sein Mund zu einem Lächeln. Er erkannte mich, lachte, und ich umarmte ihn und gab ihm einen Kuss.

«Bitte setz dich», sagte Detlef und deutete auf einen Sessel. «Wirst du jetzt meine Schwester?», fragte Said. Ich schmiegte meine Wange an sein Gesicht. Das hatte er mich schon an jenem Nachmittag in München gefragt, als ich mit ihm und Mursel gespielt hatte, während die Erwachsenen sich unterhielten. Wir saßen also im Wohnzimmer, tranken Tee und aßen Kuchen. Allmählich wich die Angst aus meinem Körper. Am Abend kochten wir zusammen ein somalisches Gericht. Detlef und Waris halfen, mein Bett zu beziehen. In dieser Nacht träumte ich von Mursel.

Jedes Mal, wenn ich aufsprang, um im Haushalt zu helfen, sagte Detlef, ich solle mich wieder hinsetzen. Er gab mir Bücher und verbot mir, ihn zu bedienen. Wir kochten und wuschen gemeinsam ab, spielten Spiele oder sahen zusammen fern. Waris und Detlef meldeten mich in einer Sprachenschule an, sie halfen mir, Babysitterjobs zu finden und mein Visum zu verlängern. Sie sorgten dafür, dass ich krankenversichert wurde, und legten das Geld an, das Onkel Abdulkadir schickte. Und sie riefen meinen Onkel in Mogadischu an.

«Fadumo», sagte Onkel Abdulkadir, und seine Stimme klang müde, «bleib in Deutschland. Komm nicht zurück. Hier hast du keine Zukunft.»

Und wieder fühlte ich mich verstoßen.

Ich klammerte mich umso heftiger an Waris, Detlef und Said.

Waris nahm mich mit, wenn sie ihre Freunde besuchte. Detlefs Mutter, Oma Paula, die alle nur *Ayeeyo* nannten, was auf Somali Großmutter bedeutet, lud mich ins Kino ein. Detlefs Vater, den die Familie *Ami* rief, Onkel, gab mir Geld fürs Eiscafé. «Geh aus, Fadumo», sagte Detlef. «Triff dich mit anderen Jugendlichen.»

«Geh tanzen», sagte Waris. «Lebe.»

Als sie innerhalb Augsburgs umzogen, nahmen sie mich mit.

Draußen regnete es, dicke Tropfen klatschten gegen die Scheiben. Auf dem Tisch stand ein Lammbraten. «Greif zu», sagte Maryan. Ich stach mit dem Löffel in den Curryreis und freute mich an seinem Duft. «Schön, dass du noch gekommen bist», sagte Udo, Maryans deutscher Freund. Ich spießte eine Rosine auf meine Gabel und steckte sie in den Mund. Im Radio lief James Brown. «Nach dem Essen sollten wir zum Olympiagelände fahren», sagte Udo. «Dort findet eine Riesenfaschingsparty statt.»

«Mhh …», antwortete Maryan. «Als was soll ich denn gehen?»

«Es ist schon ziemlich spät», wandte ich ein. Wir hatten gegen acht Uhr begonnen zu kochen; inzwischen war es halb elf. Der letzte Zug von München nach Augsburg fuhr kurz vor Mitternacht. Allerdings konnte ich bei Maryan übernachten; das tat ich öfter, wenn ich bei ihnen zu Besuch war. Sie war eine Freundin von Waris, eine Somalierin, die versuchte, in München als Model zu arbeiten.

«Nun, ich könnte als Afrikanerin gehen …», grinste Maryan und stopfte sich eine Gabel voller Gemüse in den Mund.

«Keine schlechte Idee», antwortete Udo. «Du wärst wahrscheinlich die Einzige auf dem Fest, die dazu keine Schminke bräuchte.»

«Ich habe gar kein Kostüm», sagte ich. Im Radio löste Aretha Franklin James Brown ab.

«Wir finden etwas», sagte Maryan und schob ihren Teller beiseite. «Komm», sagte sie und zog mich hinter sich her, «wir stöbern mal in meinem Kleiderschrank.»

Kurz vor Mitternacht liefen zwei afrikanische Prinzessinnen mit glitzernden Schleiern und ein Seeräuber in Jeans und Bergsteigerstiefeln zur Straßenbahnhaltestelle.

In der Halle war es voll, es passte kaum noch jemand hinein. Dicht aneinander gedrückt standen Udo, Maryan und ich direkt neben dem Eingang, und einen Moment dachte ich, dass ich eigentlich gar keine Lust hatte. Dann rückte ich meinen Schleier zurecht und hakte mich bei Maryan unter. «Also», rief ich gegen die Musik an, «feiern wir, amüsieren wir uns!» Udo stieß einen lang gezogenen Pfiff aus. «Auf geht's!»

Wir schlängelten uns an Gigolos und Transvestiten vorbei, ein überdimensionaler Champignon versperrte mir den Weg, und Käpt'n Ahab flirtete mit einem Eskimomädchen. Ein Arzt mit Mundschutz prostete Udo grölend zu. Neben dem Arzt stand Frankenstein. Er hatte riesige Hände aus Kunststoff, Narben im Gesicht, einen Vollbart und Haare bis zur Hüfte. «Soll ich euch einen Tisch besorgen?», fragte Frankenstein und grinste.

Ich grinste zurück. «Klar! Und zwar zügig …» Frankenstein verschwand in der Menge. Zu meiner Überraschung tauchte er ein paar Minuten später wieder auf, mit Kaffee und Krapfen in den Händen. «Kommt mit», sagte er und deutete in eine Ecke. Wir folgten ihm.

Frankenstein hatte tatsächlich einen freien Tisch gefunden. «Wie heißt du?», fragte er, als wir uns setzten, und reichte mir einen Becher Kaffee. Ich winkelte die Hände an, sodass man meine Finger nicht sah.

«Fatima», antwortete ich; so nannten mich die Deutschen, Fadumo war den meisten zu schwierig.

«Ich heiße Walter.» Ich prostete ihm mit dem Kaffee zu, lüftete meinen Schleier und biss in den Krapfen. An den Seiten quoll die Marmelade hervor.

«Kommst du von den Malediven?»

«Aus Somalia.»

«Verblüffend. Ich habe eine Freundin auf den Malediven, sie heißt auch Fatima. Du bist ihr wie aus dem Gesicht geschnitten.»

«Klar», sagte ich und fragte mich, warum er mir das erzählte. Maryan und Udo gingen tanzen. «Hast du auch Lust?», fragte Frankenstein. Ich zögerte. Der Discjockey spielte Nena, und ich überlegte, wie man zu dieser Musik tanzte. Dann nickte ich, und Frankenstein reichte mir seine Riesenhand.

Morgens gegen drei, als wir alle müde wurden, bot er an,

170

uns nach Hause zu bringen. Es fuhr keine U-Bahn mehr, und wir nahmen das Angebot gern an. Der Käfer hielt vor Maryans Haus, wir stiegen aus und verabschiedeten uns. Knatternd fuhr Frankenstein davon.

Ein paar Tage später klingelte es. Vor der Tür von Waris' und Detlefs Haus stand Frankenstein. «Hallo», sagte er, diesmal ohne Narben und Riesenhände. Nur sein Haar reichte immer noch bis zur Hüfte. Ein Hippie, dachte ich. Was werden Waris und Detlef sagen? Einen Augenblick suchte ich nach Worten. «Wie ... Wie hast du meine Adresse herausgefunden?»

«Ich habe Maryan gefragt.» Unter Walters Bart sah ich ein Grinsen. «Ich musste lange betteln.»

«Wer ist da?» Im Flur erschien Waris. «Oh», sagte sie. «Besuch. Komm herein!» Im Wohnzimmer rumorte Said. Zögernd trat ich beiseite und ließ Walter hinein.

Waris bot Walter Kaffee und Kuchen an. Detlef reichte ihm die Hand, Minuten später standen die beiden Männer auf dem Balkon und unterhielten sich. Zwei Stunden später redeten sie immer noch, und ich wurde immer nervöser. «Worüber habt ihr die ganze Zeit gesprochen?», zischte ich, als Detlef zur Toilette ging.

«Über dieses und jenes.»

«Was soll das heißen? Gib mir eine klare Antwort», quengelte ich. «Bitte ...»

Detlef sah mich nur an. «Er ist wirklich ganz in Ordnung.» Dann schloss er die Badezimmertür.

Walter beeindruckte mich mit seinen Reiseberichten. Wenige Tage vor dem Faschingsfest war er von einer Weltreise zurückgekehrt. Als Fotograf hatte er den Iran bereist und die Türkei, Sri Lanka und Indien, und er hatte Wüsten durchquert. Wenn ihm das Geld ausgegangen war, hatte er als Koch gejobbt, als Hotelmanager oder als Bauarbeiter in Australien. Eine Zeit lang hatte er Leprakranke im Hospiz von Mutter Teresa gepflegt. Auf den Malediven war er an Malaria erkrankt. Damit kannte ich mich ebenfalls aus, lachend besprachen wir Schüttelfrostsymptome und Fieberkurvenverläufe. Walter nahm die Welt durch den Sucher seiner Kamera wahr. Er interessierte sich nicht nur für die Schönheit der Natur, sondern auch für den Alltag der Bevölkerung. Er wollte wissen, wie die Menschen lebten, und hielt das eindrucksvoll fest. Ich lernte von ihm Dinge über Länder, von denen ich noch nie gehört hatte, und, ganz nebenbei, wurde mein Deutsch immer besser. Auch Waris, Detlef, Said und *Ayeeyo* mochten Walter; darüber war ich sehr froh.

Als ich zum ersten Mal bei Walter übernachtete, sagte er: «Ich weiß, dass du Moslemin bist und was das bedeutet. Du brauchst keine Angst vor mir zu haben.» Er zog frische Bettwäsche auf und schüttelte die Kissen. «Schlaf du hier im Bett, ich lege mich auf die Couch.»

Am Morgen, als wir in die Küche traten, erstarrte Walters Mutter. Beinahe wäre ihr die Spülbürste aus der Hand gerutscht. «Guten Morgen», sagte Walter. Nach seiner Rückkehr war er ins Haus seiner Eltern gezogen. Von dort aus wollte er wieder eine eigene Wohnung suchen. Er nahm zwei Becher aus einem Hängeschrank. «Magst du einen Kaffee, Fatima?»

Walters Vater saß am Frühstückstisch, den Kopf über eine

Zeitung gebeugt. Es war totenstill im Raum, nur die Uhr über dem Herd tickte. Ich traute mich kaum zu nicken.

«So oane hat bei uns nix valoan.» Ich verstand ihren bayerischen Dialekt nicht gleich, doch es war eindeutig, dass sie mich zur Hölle wünschte. Was hatte ich ihr getan?

«Mutter», sagte Walter, und seine Stimme klang so scharf, wie ich es noch nie von ihm gehört hatte. «Fatima ist meine Freundin, und sie besucht mich, wann sie möchte.»

«Dei Freindin?» Sie spuckte die Worte auf den Boden, direkt vor meine Füße. Langsam wanderte ihr Blick an mir hinab; an meinen Händen blieb er hängen. Mich fröstelte. «Wos is'n mit deana ihre Händ' los? Schau amoi diese Händ'!»

«Mutter!» Mit einem Knall stellte Walter die Kaffeebecher ab. Der Vater sah kurz von seiner Zeitung auf. Dann las er weiter, stumm, fast so, als wäre er gar nicht anwesend. Walters Mutter straffte die Schultern, rückte ihre Schürze zurecht und trat einen Schritt zurück. An den Herd gelehnt, die Arme vor der Brust verschränkt, fixierte sie mich. «Bild dir ned ei, dos du mei Sohn kriagst. Der hod was Bess'res verdient», zischte sie. Walter schob mich eilig aus der Küche. In seinem Zimmer warf er ein paar Hosen und Hemden in eine Reisetasche, packte seine Kameraausrüstung und griff nach einem Schlüsselbund.

Im Sommer zogen Walter und ich in ein kleines Apartment. Wir verstanden uns gut, redeten, lachten, machten Ausflüge. Wir liebten uns und wussten, wir wollten ein Leben lang zusammenbleiben. Meine Familie ahnte nicht, dass ich unverheiratet mit einem Mann zusammenlebte; die Angst, dass es herauskäme, und die Tatsache, dass es überhaupt so war, bedrückten mich.

Es war ein Tag im März, der Himmel war klar, und in der Ferne sah man die Alpen. In der Nachbarwohnung hörte jemand Blasmusik. Mein Kopf tat weh; am Abend zuvor hatten wir ein Konzert besucht, es war spät geworden. Ich schlüpfte in meine Pantoffeln. Walter schlief fest; in einer halben Stunde würde ich ihn wecken.

In der Küche schob ich Brot in den Toaster und setzte Wasser auf. Im Kühlschrank stand eine Flasche Orangensaft, ich goss zwei Gläser ein. Ich kochte Eier, stellte Marmelade, Honig, Brot, Butter und Tee auf das Tablett und ging zurück ins Schlafzimmer. Walter räkelte sich. Ich zupfte an seinem Bart und balancierte das Tablett neben das Bett. «Glaubst du, deine Eltern werden kommen?»

«Ich weiß nicht. Ist auch egal.»

«Nein, das ist nicht egal.» Ich schlüpfte unter die Decke.

«Wenn meine Mutter es so will, ist es ihre Entscheidung.» Walter köpfte sein Ei. «Wir können nichts tun.» Ich seufzte. Nachdem Walter seinen Eltern mitgeteilt hatte, dass wir heiraten würden, hatte seine Mutter einen Tobsuchtsanfall bekommen. Wochenlang herrschte Streit; schließlich hatte Walter gedroht, mich nicht nur zu heiraten, sondern auch meinen Namen anzunehmen. Da hatte mir seine Mutter beinahe Leid getan. Sie beschimpfte und beleidigte mich, aber durfte man so mit seinen Eltern umgehen? Dass ein Kind sich von Mutter und Vater abwandte, war in Somalia undenkbar, und allein die Vorstellung setzte mir zu. Vor zwei Tagen hatte meine zukünftige Schwiegermutter immerhin angekündigt, sie wolle darüber nachdenken, zur Hochzeit zu kommen. Ich hoffte sehr, dass sie käme. Ich wünschte mir eine Familie, sehnte mich nach Frieden und Eintracht.

Während der Autofahrt schrillte ein hoher Pfeifton in meinen Ohren, und als ich das Radio einschaltete, musste ich den Nachrichtensprecher laut drehen, um zu verstehen, was er sagte. «Ich bin noch halb taub vom Konzert.»

«Hauptsache, du bekommst mit, wann du ja sagen sollst», sagte Walter und grinste.

«Könntest du mir zur Not ein Zeichen geben?»

Vor dem Standesamt wartete schon Walters Patentante. Auch Sonja und Ernst waren da, sie standen etwas abseits und winkten. Walters Freunde begegneten mir immer noch zurückhaltend; nur Sonja hatte mich ohne Vorbehalte aufgenommen. Deshalb hatte ich sie gebeten, meine Trauzeugin zu werden. Waris und Detlef konnten nicht kommen, sie waren verreist, Maryan und Udo ebenfalls. Walter fand einen Parkplatz, blinkte und setzte zurück. Vor dem Standesamt schrie eine Frau auf. Walter stieg in die Bremsen. Aus dem toten Winkel tauchte sein Vater auf, seine Mutter im Schlepptau.

Walter hätte ihn beinahe überfahren.

Der Raum, in dem die Trauungszeremonie stattfinden sollte, war mit wenig Aufwand hergerichtet worden. Walters Mutter steuerte auf einen Stuhl in der vordersten Reihe zu. Sie presste ihre Handtasche vor die Brust und war ungewohnt schweigsam. Sonja redete umso mehr, sie zupfte an meinem Kleid, meinen Haaren, nahm mir meinen Brautstrauß ab. Sie war offenbar noch nervöser als ich. Walter begrüßte einen Kollegen, der sich bereit erklärt hatte, Fotos zu machen. Für die Hochzeitsbilder hatte mein zukünftiger

Mann sein hüftlanges Haar schneiden lassen; es war immer noch ein ungewohnter Anblick für mich. Walters Vater rückte seine Krawatte zurecht, dann nahm er neben seiner Frau Platz. Wie immer schwieg er und schien nicht recht dazuzugehören.

Ich sah mich um.

Auf dem Tisch des Standesbeamten standen zwei Kerzen. Die wenigen Gäste wirkten ganz verloren im Saal. Einen Moment musste ich an die ausschweifenden Hochzeiten in meiner Heimat denken, an die rauschenden Feste, auf die die Eltern jahrelang sparten, die Tage dauerten und Hunderte von Gästen mit Tausenden von Geschenken anzogen. Der Gedanke machte mich traurig. Eva, Walters einzige Schwester, meine künftige Schwägerin, würde auch nicht kommen; Walter und Eva mochten sich zwar, doch die Mutter mochte ihre eigene Tochter nicht. Irgendwie, dachte ich, passt es zu meinem Leben, in eine zerstrittene Familie einzuheiraten. Die Streitereien hören wohl nie auf.

Eine Hand schob sich zwischen Walter und mich, ich trat beiseite. Walters Mutter umarmte ihren Sohn, klammerte sich an ihn, wünschte ihm weinend alles Gute. Dann löste sie sich abrupt von ihm, trat einen Schritt zurück und stolperte. Stieß gegen die Vase, in die Sonja den Brautstrauß gesteckt hatte, die Vase fiel um und kippte eine Kerze um. Mein Brautstrauß ging in Flammen auf.

Beinahe hätte ich geweint.

Draußen strahlte der Himmel in schönstem Blau.

Verheiratet zu sein bedeutete, Kinder zu bekommen, und das bedeutete, dass ich geöffnet werden würde. Doch wie

176

sollte das gehen, was musste ich tun? Niemand hatte je über diese Dinge mit mir gesprochen. Ich vermisste meine Mutter, Khadija, meine Cousine Nadifo – die Frauen der Familie, die einem Mädchen halfen und ihr sagten, was zu tun war.

Monatelang lebten Walter und ich keusch und verlegen miteinander, jeder schamhaft darauf bedacht, das heikle Thema zu umgehen. Wir waren jung: Ich war neunzehn, Walter vierundzwanzig Jahre alt. Wir lachten und alberten herum, wir hatten keine Worte für das Unaussprechliche. Ab und zu gaben wir uns ein Küsschen. So hätte es weitergehen können. Wir fanden eine größere Wohnung, und weil keiner von Walters Freunden uns ein Auto leihen konnte und wir seine Eltern nicht um ihren Käfer bitten mochten, zogen wir mit der Straßenbahn um. Wir fühlten uns stark und unbesiegbar, die Schwierigkeiten schweißten uns zusammen.

Doch das Gefühl, etwas tun zu müssen, ließ mich nicht los, es wuchs und wurde mächtiger. Ich fühlte mich schuldig und verantwortlich. Eines Tages sagte ich, zaghaft und schüchtern: «Ich werde zu einem Arzt gehen.»

Walter sah aus, als habe ihm jemand in die Rippen geboxt.

Die Praxis lag im dritten Stock eines Altbaus. Im Treppenhaus roch es nach Putzmitteln, die Stufen waren noch feucht, jemand musste hier vor kurzem gewischt haben. Dennoch wirkte das Haus ziemlich heruntergekommen.

Neben der Tür hing ein Schild. Ich klingelte, und ein Türöffner summte. Eine ältere Frau musterte mich über ihren Brillenrand hinweg. Sie trug große goldene Ohrringe und roten Lippenstift. Sie sagte: «Sie wünschen?»

«Ich habe einen Termin beim Doktor.» Ich nannte meinen Namen und legte den Krankenschein auf den Tisch.

«Bitte nehmen Sie im Wartezimmer Platz.»

Im Wartezimmer saßen mehrere Frauen. Keine, schätzte ich mit einem Blick, war jünger als fünfzig. Ich grüßte; die meisten sahen nicht einmal auf. Ich nahm eine Zeitung und setzte mich. Ich blätterte durch die Seiten, doch es fiel mir schwer, mich zu konzentrieren. Mein Hals war ganz trocken. Jedes Mal, wenn ich schluckte, spürte ich den Kloß. Er ließ sich einfach nicht herunterschlucken.

Ich hatte keine Ahnung, was man hier mit mir machen würde.

Jedes Mal, wenn die Arzthelferin mit einem Zettel in der Hand ins Wartezimmer kam und einen Namen rief, klimperten ihre Ohrringe. An den Füßen trug sie robuste Halbschuhe, die zweckmäßig wirkten, aber nicht zu ihrer sonstigen Aufmachung passten.

«Frau …» Sie blickte auf den Zettel in ihrer Hand. «Koro?»

«Krachow», sagte eine Frau und erhob sich.

«Nein. Koro», korrigierte die Arzthelferin. «Wer heißt denn hier Koro?» Sie sah sich um. An mir blieb ihr Blick hängen. «Sie heißen doch sicher so. So afrikanisch …»

«Ich heiße Korn. Fadumo Korn.»

«Ja. Sag ich doch.» Aus der Tasche ihres Kittels zog sie einen Kugelschreiber. «Kann ja keiner lesen, dieses Gekritzel. Kommen Sie.» Schweigend folgte ich ihr.

Sie öffnete eine Tür. Ein Paravent teilte den Raum. Rechter Hand stand ein ausladender Schreibtisch. «Der Doktor kommt gleich», sagte die Arzthelferin und deutete auf einen Stuhl.

Die Tür fiel ins Schloss.

Stille. Keine Stimme, kein Auto. Nichts war hier zu hören.

Ich setzte mich auf den Stuhl. An der Wand hinter dem Schreibtisch standen Metallschränke, und hinter gläsernen Türen stapelten sich Medikamentenschachteln. Auf einem Bord stand ein Kaktus. Auf der Fensterbank standen zwei weitere, kleinere: die Ableger. Meine Hände waren eiskalt.

Als die Türklinke heruntergedrückt wurde, zuckte ich zusammen. Ein alter Mann betrat den Raum. Kurz schoss mir der Gedanke durch den Kopf, dass der Arzt, seine Helferin und die Kakteen gemeinsam gealtert waren, bald würden sich Spinnweben zwischen ihnen spannen. Er nahm auf der anderen Seite des Schreibtischs Platz, überflog meinen Krankenschein, meine Karte und fragte meinen Namen ab, meine Adresse und mein Geburtsdatum. «Was fehlt Ihnen?», erkundigte er sich. In meinem Kopf rauschte das Blut, mein Herz klopfte so laut, dass es sicher meine Stimme übertönen würde. Der Arzt sah mich an. Ich öffnete den Mund. Schloss ihn. Öffnete ihn. «Ich möchte, dass Sie mich untersuchen.»

«Dann machen Sie sich frei. Ich komme gleich wieder.» Mit der Rechten wies er auf den Paravent, mit der Linken befühlte er die Erde seines Kaktus und schüttelte den Kopf. «Frau Gruber», rief er, ging zur Tür und verschwand. Ich erhob mich und ging auf den Paravent zu und erstarrte.

Ich wollte umkehren, weg, sofort.

«Sind Sie so weit?» Der Arzt kehrte zurück, in der Hand eine Gießkanne. Ich huschte hinter den Paravent. Mit steifen Fingern öffnete ich den Reißverschluss meiner Jeans. Ich schämte mich unendlich, und doch zwang ich mich zu tun, weswegen ich hergekommen war. Wasser plätscherte und traf auf trockene Erde. In meinem T-Shirt, das bis fast zu den Knien reichte, trat ich hervor. «Bitte», sagte der Arzt und streifte sich Handschuhe über. Ich war unfähig, mich zu bewegen. Zitterte, fror. Schutzlos, ich fühlte mich so schutzlos, so bloß und nackt und vollkommen ausgeliefert. Still flüsterte ich Khadijas Namen, sie hätte gewusst, was zu tun war.

«Sie müssen sich schon richtig frei machen.» Eine Hand schob mich in Richtung des Stuhls. Ich wollte schreien und etwas ganz Schlimmes tun, um fortzukönnen, nur fort von hier. «Legen Sie die Beine in diese Schalen.» Mit der Hand griff der Arzt nach einer Lampe über seinem Kopf und zog sie herunter. Ich gehorchte. Schloss die Augen. Tat, als sei es nicht ich, die dort lag.

Ein Schrei.

«Um Gottes willen!» Der Arzt sprang auf und stieß gegen die Lampe. «Kind, was haben sie mit dir gemacht?», schrie er. Die Tür flog auf, die Sprechstundenhilfe kam herein. «Herr Doktor …?» Der Arzt rang nach Luft. Ich hörte seinen Hocker über den Fußboden rollen, hörte Schritte. «Tut mir Leid, ich kann nichts für Sie tun. Sie müssen sich einen anderen Arzt suchen.»

Die Tür fiel zu. Es herrschte Totenstille.

Ich weinte, wie ich seit dem Tod meiner Mutter nicht geweint hatte, und fühlte mich schmutzig und verstoßen. Ein Mediziner, der studiert hatte und dessen Beruf es war, Frauen anzusehen, war vor meinem Anblick schreiend davongelaufen. Keine der anderen Frauen war weinend aus dem Behandlungszimmer gestürmt, alle hatten fröhlich und erleichtert gewirkt, als sie die Praxis verließen. Was an mir war nur so abartig? War etwas zwischen meinen Beinen gewachsen, etwas, was ich nicht bemerkt hatte und das mich zu einer Unberührbaren machte?

Ich verkroch mich im Bett. Walter versuchte mich zwar zu trösten, doch ich war untröstlich. Ich wollte nur noch sterben. Erst als Maryan anrief, erzählte ich ihr, was geschehen war. «Um Himmels willen», sagte sie. «Du bist bei einem alten Knacker gelandet, der keine Ahnung hat.» Einen Moment empörte es mich, dass sie so respektlos sprach. «Ich kenne einen guten Arzt», sagte sie entschieden. «Ich werde einen Termin für dich verabreden.»

«Nein! Ich gehe zu keinem Arzt mehr, nie wieder.»

«Und was machst du mit deinem Mann?»

Ich schwieg.

«Fadumo, in Afrika gelten ältere Menschen als weise und erfahren, und darum respektiert man sie. In Deutschland ist es manchmal genau umgekehrt. Oft sind die jüngeren Ärzte besser ausgebildet als ihre älteren Kollegen, und sie gehen sensibler auf die Probleme ihrer Patientinnen ein. Ich werde mit dir zu einem Arzt gehen, der sich mit Beschneidung von Frauen auskennt.»

«Willst du etwa sagen, ich habe ein Problem, weil ich beschnitten bin?»

Jetzt schwieg Maryan. Nach einer Weile sagte sie: «Ja, Fadumo.»

«Aber …» In meinem Kopf rauschte es. Ich dachte an Saida, an Tante Madeleine, aber Tante Madeleine war eine außergewöhnliche Frau gewesen. «Ich meine», sagte ich, «also … Sind deutsche Frauen denn nicht beschnitten?»

«Nein, Fadumo.»

«Aber … Aber das ist ja ekelhaft!» Ich schluckte. Fast hätte ich gelacht. Es klang so absurd. «Du meinst, alle Frauen in diesem Land sind unrein?»

«Nun, sie sind zumindest nicht beschnitten.» Ein spontanes Gefühl von Überlegenheit packte mich, es prickelte, zaghaft erst, dann stärker. Es erfüllte mich, trug mich, es radierte die Scham aus, schob die Traurigkeit beiseite. Ich war rein in einem Land von Unreinen.

Ein von Gott erwähltes Kind.

Maryan holte mich ab. Mit der U-Bahn fuhren wir zur Praxis. Sie lag in einem Neubau. Sie hatte helle, freundliche Räume, an den Wänden hingen Bilder einer Wüstensafari und zahllose Fotos von Neugeborenen. Weit und breit gab es keinen Kaktus und keine ältlichen Fräuleins. Trotzdem zitterte ich. «Er ist wirklich nett», sagte Maryan und drückte meine Hand. «Und glaub mir, er ist ein guter Arzt.»

Ein blonder, nicht sehr großer Mann trat in den Wartebereich. Er trug einen Schnauzbart und reichte mir beide Hände, so, wie man es in meiner Heimat tat, wenn man jemandem besonderen Respekt entgegenbrachte. «Eine neue Patientin», sagte er. «Guten Tag.»

Auch ich grüßte. Warum strahlte er mich so an?

«Bitte.» Dr. Schmidt deutete auf einen Ledersessel und zog sich einem Stuhl heran. Steif und aufrecht saß ich da, die Augen auf mein Gegenüber gerichtet. Wartete auf den einen, beschämenden Satz. Machen Sie sich bitte frei. «Keine Sorge», sagte Dr. Schmidt. «Ich werde Sie nicht untersuchen.»

«Nicht?» Beinahe wäre ich hochgefahren.

«Nein.» Dr. Schmidt lächelte. «Ich weiß, warum Sie gekommen sind. Ich schlage Ihnen vor, wir gehen folgendermaßen vor: Meine Sprechstundenhilfe wird einen Termin im Krankenhaus für Sie verabreden. Dort werde ich Sie operieren. Sie werden den Eingriff nicht spüren, denn Sie bekommen ...» Er lächelte wieder. «Ich nenne es gern den ‹blauen Traum›.»

«Was ist ein ‹blauer Traum›?»

«Eine Narkose.» Er sprach, als stünde etwas sehr Schönes bevor, etwas, worauf ich mich freuen konnte, und ich spürte, wie seine Stimmung auf mich übergriff, wenngleich ich nicht verstand, was die Operation bezwecken sollte.

«Ich weiß, dass Frauen in Ihrem Heimatland beschnitten werden. Damit Sie Geschlechtsverkehr haben und später auch Kinder gebären können, muss man Sie öffnen.» Schlagartig schwand meine Euphorie. «Öffnen ...»

«Ich versichere Ihnen, Sie werden den Eingriff nicht spüren», sagte Dr. Schmidt. «Nach der Operation werden Sie Schmerzen haben, aber man wird Ihnen Medikamente geben.»

Mein Rücken schmerzte wieder. Und wieder zog Kälte mein Rückgrat empor.

In Somalia wird eine Frau in der Hochzeitsnacht geöffnet. Manchmal tut sie es selbst, mit einem Messer, manchmal übernimmt es eine Tante, die Schwiegermutter oder der Mann.

Später kann die Wunde wieder zuwachsen. Manche Frauen gebären, ohne jemals richtig geöffnet worden zu sein. Das vernarbte Gewebe der Scheide dehnt sich dann nicht, und sie verbluten, oder ihre Babys ersticken. Die Spätfolgen der Beschneidung können lebensgefährlich für Mutter und Kind sein. Und dennoch bestehen manche Männer darauf, dass ihre Frau nach der Geburt eines Kindes erneut zugenäht wird.

In einem Krankenhaus dauert die Öffnung einer beschnittenen Frau etwa eine halbe Stunde. Es kann dabei allerdings zu Komplikationen kommen: Die Ärzte entdecken oft fußballgroße Zysten, wilde Wucherungen, Verwachsungen, abgestorbene Hautlappen, die über Jahre die ohnehin winzige Öffnung verstopft haben. Sie müssen alte Verletzungen an Harnröhre, Vagina, Damm und Mastdarm behandeln.

Walter begleitete mich ins Krankenhaus. Zum Abschied umarmte er mich und sagte: «Alles wird gut, hab keine Angst.»

Ich hatte keine Angst. Ich war regelrecht in Panik.

Im Nachbarbett weinte eine junge Frau. Sie hatte gerade ihr Baby verloren. Ich weinte und wünschte, niemand würde mich je wieder berühren. Leise kroch ich unter das Laken und wickelte mich ein, immer weiter, immer fester, bis ich wie eine Mumie in meinem weißen Bett lag.

Schloss ich die Augen, sah ich die Lichtung. Manchmal hörte ich das Quietschen eines Dorns. Die Beschneidung war Tausende Kilometer entfernt, doch ich fürchtete mich vor ihren schmutzigen Fingern und dem Schmerz, den sie brachten.

In der Nacht vor der Operation kribbelten meine Beine. Es begann in den Fersen und zog dann hinauf bis in den Unterleib. Ich lief zur Toilette, überzeugt, eine Blasenentzündung zu bekommen. Irgendwann bat ich die Nachtschwester um ein Schlafmittel.

Am Morgen fuhr mich ein Pfleger in den Operationssaal. Kaltes Licht, nackte Fliesen, Stimmen, die von den Wänden widerhallten, eilige Schritte, irgendwo ein Schrei. Ein Arzt, ich kannte ihn nicht, beugte sich über mich und fühlte meinen Puls. Ich zitterte, meine Zähne schlugen vor Angst aufeinander. Mein ganzer Körper bebte. Plötzlich das Gesicht von Dr. Schmidt, sein Lächeln, eine warme Hand auf meiner Wange. Ein Anästhesist, der sagte: «Ich habe ihr die doppelte Dosis gegeben.» Mein Körper, der sich wehrte. Eine Maske auf meinem Gesicht. Geräusche, die klangen, als stecke die Welt in einem Eimer. Farben, die verschwanden, weißer Nebel, der in meine Gliedmaßen kroch, nass und kalt. Mein Körper, der sich noch einmal aufbäumte – ich spürte es von fern.

Dann war alles weiß.

Ich erwachte und schluchzte wie ein Kind, denn ich wusste nicht, wo ich war noch was geschehen war, völlig aufgelöst lag ich da, die Wangen nass, das Kissen feucht, und konnte die Tränen nicht stoppen. Eine Schwester nahm mich in den Arm, murmelte Worte, die ich nicht verstand, und strich über meinen Kopf. Irgendwann schlief ich wieder ein.

Am nächsten Tag besuchten mich Maryan und Walter. Am Nachmittag kam Dr. Schmidt. «Sie sind mir eine Patientin», sagte er und zog einen Stuhl neben mein Bett. «Sie haben uns mächtig auf Trab gehalten.»

«Habe ich schlechte Witze erzählt?»

«Nein, Sie haben Löwen verfolgt und Hyänen gejagt. Sie waren irgendwo in der Steppe unterwegs, haben mit Armen und Beinen herumgefuchtelt. Fast hätten wir Sie festbinden müssen.»

«Tut mir Leid.» Mein Bauch schmerzte, aber ich konnte wieder lachen.

«Wie geht es Ihnen?», fragte Dr. Schmidt.

«Mein Körper fühlt sich dumpf an, irgendwie grau.»

«Wir haben Ihnen Schmerzmittel gegeben. Wir haben sehr lange operiert, fast drei Stunden. Glücklicherweise habe ich keine Zysten gefunden, nur alte Blutreste.» Dr. Schmidt strich mit dem Daumen über seinen Schnurrbart. «Die Beschneiderin hat allerdings, wenn ich das so salopp sagen darf, ganze Arbeit geleistet. Ich musste ein wenig improvisieren.» Manchmal lässt sich Brutalität nur beschreiben, wenn man sie in Ironie verpackt. «Aber Sie werden sehen, in ein paar Wochen springen Sie umher wie ein Reh.»

Vorläufig schlurfte ich wie eine Großmutter durch die Flure. Oft musste man mich tragen. Im Bett drehten mich die Schwestern von der linken auf die rechte Seite, so wie meine Mutter mich einst gewendet hatte. Jede Bewegung der Beine, jedes Beugen und Bücken schmerzte. Und im-

186

mer mischte sich der reale Schmerz mit der Erinnerung an jenen, den ich zwölf Jahre zuvor empfunden hatte. Am größten war meine Angst, zur Toilette zu gehen; ich brachte keinen Tropfen hervor, und diesmal lag es nicht daran, dass die Öffnung zu klein war. Es war das Wissen darum, wie es sich anfühlte, wenn Urin über eine offene Wunde lief. Die Ärzte ermunterten mich, versicherten, mein Blut enthalte eine so hohe Konzentration an Schmerzmitteln, dass es physisch unmöglich sei, irgendeinen Schmerz zu spüren. Doch die Erinnerung war zu mächtig. Wie damals hörte ich auf zu trinken. Wie damals verfluchte ich meinen Unterleib und wollte ihn loswerden, hinter mir lassen, nichts mit ihm zu tun haben, gar nichts, nie wieder.

Eine Woche nach der Operation wurde ich entlassen.

War ich allein, kroch ich auf dem Bauch durch die Wohnung; ansonsten pflegte mich Walter. Zweimal täglich hob er mich in die Badewanne, denn Dr. Schmidt hatte medizinische Bäder verordnet; eine Viertelstunde später wuchtete er mich wieder heraus. Mein Mann half mir, wenn ich zur Toilette musste; er versicherte, es mache ihm nichts aus. Mich beschämte es. Sechs Wochen vergingen, in denen die Wunde heilte.

In dieser Zeit änderte sich mein Leben.

Nie hätte ich für möglich gehalten, dass es so leicht sein könnte, die Blase zu entleeren. Mit kräftigem Strahl! Mit in Sekunden spürbarer Erleichterung! Bisher hatte ich zehn, zwanzig, dreißig Minuten auf der Toilette zugebracht, hatte gepresst und gedrückt. Ich hatte möglichst wenig getrunken, was dazu führte, dass meine Nieren schmerzten. Wie hätte ich einem Arbeitgeber erklären sollen, dass es bei mir eine halbe Stunde dauerte, zur Toilette zu gehen?

Nun war es geradezu ein Vergnügen, zur Toilette zu gehen.

Noch größer war meine Überraschung, als ich eines Morgens einen Blutfleck auf dem Bettlaken entdeckte. Ich fürchtete schon, die Wunde sei aufgegangen, aber ich hatte nur meine Periode bekommen. Kein Reißen, kein Wüten. Mein Bauch schmerzte nicht, ich bekam keine Krämpfe, ich musste mich nicht einmal übergeben, und nach vier Tagen war alles vorbei. Ich fühlte mich leicht, lachte, spürte ein Kribbeln hinter dem Bauchnabel, lachte lauter, atmete ein, atmete aus, spürte zum ersten Mal seit dem Morgen auf der Lichtung, wie der Atem wieder tief in meinen Bauch hineinströmte. Ich fühlte mich frei und glücklich.

Auch in den kommenden Monaten verliefen meine Blutungen ohne Komplikationen. Die Panik, die mich immer schon vorab gepackt hatte, verschwand langsam. Ich musste nicht mehr alle paar Monate die Stelle wechseln, weil ich während jeder Periode einige Tage fehlte. Ich begann, mich zu schminken, veränderte meine Frisur. Ich pflegte mich.

Gelegentlich entdeckte ich Spuren von Ausfluss. Ich wechselte die Unterhose, wusch mich und machte Spülungen. «Sie zerstören die Scheidenflora», sagte Dr. Schmidt. «Sie werden Entzündungen bekommen.» Ich bekam Entzündungen. Doch ich konnte nicht aufhören, mich zu waschen. Der Ausfluss war mir unangenehm, ich fühlte mich schmutzig, wie ein sabberndes Mädchen. «Der Ausfluss ist ganz natürlich», erklärte Dr. Schmidt. Doch diese Normalität war mir fremd. Es dauerte, bis ich mich an sie gewöhnte.

Am hartnäckigsten war die Angst vor dem Unaussprechlichen.

In Walter hatte ich einen Vertrauten, einen engen Freund, uns verband viel, wir liebten uns, und ich wäre froh gewesen, wenn es platonisch hätte bleiben können. Ich wünschte mir, Dr. Schmidt könnte mir eine Spritze geben, die mich schwanger werden ließ. Ich wünschte, ich könnte mich, wie damals, als ich mit Nadifo und den anderen Kindern Familie gespielt hatte, hinhocken und niesen, und schon hätte ich ein Baby geboren.

«Ich kann nicht mit einem Mann schlafen», sagte ich.

«Doch, das können Sie», antwortete Dr. Schmidt.

Wenn ich in seine Praxis fuhr, begleitete mich Walter. Dr. Schmidt nahm sich Zeit, mit uns über Sex zu sprechen. Er riet Walter, behutsam zu sein und mich nicht zu drängen – was er ohnehin nie getan hätte. Er erklärte uns, dass während der Operation viel abgestorbenes Gewebe entfernt worden war; noch sei die Haut taub, doch mit der Zeit würde ich wieder etwas spüren können. Er sagte: «Setzen Sie beide Ihre Phantasie ein.» Er sprach oft im Plural, oder sogar von ‹uns dreien›, als wären wir ein Team, das an einer gemeinsamen Sache arbeitet. «Lust und Empfinden kann man lernen.» Doch ich wollte nichts empfinden und darum das Empfinden auch nicht lernen. Meine Erfahrung war nun einmal, dass Berührungen meines Körpers vor allem eines bedeuteten: ungeheure Qualen.

«Entdecken Sie Ihren Körper», wiederholte Dr. Schmidt immer wieder. «Berühren Sie ihn – mit den Fingern, mit einer Feder. Finden Sie heraus, was Ihnen gefällt.» Ich starrte ihn an, fassungslos, manchmal erschüttert.

«Niemals», schwor ich. Allah würde mich töten, ein Blitz herniederfahren. Möglicherweise würde ich unfruchtbar, und dabei wollte ich doch mindestens fünf Kinder bekommen.

«Sexualität findet auch im Kopf statt, nicht nur zwischen den Beinen», sagte Dr. Schmidt. «Genießen Sie Ihren Körper.»

«Lassen Sie mich in Ruhe», schimpfte ich, mehr als einmal.

Zwei Jahre nach der Trauung holten wir unsere Hochzeitsnacht nach.

• SIEBEN •

EIN HERR STAND VOR DER TÜR. Er trug einen grauen Anzug, einen hellen Trenchcoat, eine Krawatte. Er lächelte höflich und sagte: «Guten Tag, ich komme von der Stadt München.» Dann nannte er seinen Namen.

Ein Vertreter der deutschen Regierung bei uns in der Wohnung – ich war überrascht, aber selbstverständlich bat ich ihn herein. «Möchten Sie einen Tee trinken?», fragte ich und schob ein paar Zeitungen auf dem Küchentisch beiseite. «Bitte, nehmen Sie Platz.» Ich nahm seinen Mantel. Der Herr öffnete die Knöpfe seines Sakkos. Ich setzte Wasser auf und fragte: «Was kann ich für Sie tun?»

«Nun», sagte der Herr und begann in seiner Aktentasche nach Unterlagen zu suchen. «Es gibt da ein paar offene Fragen.»

Walter kam aus dem Bad, und ich stellte ihm unseren Besuch vor.

«Eine sehr schöne Wohnung haben Sie», sagte der Herr und sah sich um, während ich Tee in die Kanne gab.

«Ja, da haben wir Glück gehabt», antwortete ich. «Wir mussten allerdings viel renovieren.»

«Zwei Zimmer?»

«Ja, und einen kleinen Balkon.» Ich stellte Tassen auf den Tisch, einen Teller mit Keksen und goss Tee ein. Der Herr nahm einen Schluck. Als er die Tasse abstellte, kleckerte er. «Oh, Verzeihung.»

191

«Macht nichts», sagte ich, sprang auf und griff nach einem Tuch.

«Dürfte ich kurz das Bad benutzen?»

«Selbstverständlich.» Ich wischte mir die Hände ab. «Gleich die erste Tür links. Augenblick, ich zeige es Ihnen.»

«Vielen Dank, aber machen Sie sich keine Umstände.» Im Schlafzimmer hörte ich Walter die Bettdecken ausschütteln.

«Das ist aber ein ungewöhnlich großes Schlafzimmer», sagte der Herr, als er aus dem Bad kam. «Sehr schön, wirklich, sehr schön.»

«Schauen Sie sich ruhig um», antwortete Walter, nicht sehr höflich.

Der Herr trank seinen Tee aus. Kurz darauf schob er seine Unterlagen in die Aktentasche. «Dann will ich Sie nicht länger belästigen», sagte er. «Sollten sich weitere Fragen ergeben, würde ich mich noch einmal mit Ihnen in Verbindung setzen.»

«Gern, jederzeit», sagte ich und wunderte mich; er hatte mich doch noch gar nichts gefragt. Ich begleitete ihn zur Tür.

«Weißt du, was das für einer war?», fragte Walter, als ich die leeren Tassen in die Spüle räumte.

«Ein Vertreter der deutschen Regierung», sagte ich.

«Ein Schnüffler, der wissen wollte, ob wir eine Scheinehe führen!»

Der Verdacht war nicht neu. Im Vorfeld unserer Heirat hatte eine Standesbeamtin Walter gefragt, wie viel ich ihm bezahlt hätte, damit er mich heiratete. Die Unterstellung hatte mich entsetzt. Später wurde uns die Heirat verweigert, weil ich keine Geburtsurkunde beibringen konnte. Aufgelöst war ich zum somalischen Konsul gelaufen, dessen Büro nicht weit entfernt lag und der ein Freund meines Onkels war. Ich stürmte in eine Sitzung hinein, warf mich in seine Arme. «Mädchen», rief er. «Was hat man dir getan?» Fünf Tage später bekamen wir die Erlaubnis zu heiraten.

Die Standesbeamten zwangen mich, Walters Namen anzunehmen, eine Forderung, die ich als Zumutung empfand und die in Somalia Blutrache nach sich gezogen hätte. Bei uns bekommt ein Kind einen Namen, ihm werden die Namen des Vaters und des Großvaters angehängt; so erklärt man seine Abstammung. Wer seinen Namen ändert, verleugnet seine Familie. Ich weigerte mich zwar, aber ohne Erfolg. Die Bürokratie stutzte Fadumo Abdi Hersi Farah Husen zu Fadumo Korn zusammen. «Fadumo ist aber kein Frauenname», erklärte ein anderer Beamter.

«Aber ich bin eine Frau», antwortete ich.

«Bei uns enden Frauennamen nun mal nicht auf ‹o›.»

Als ich das Amt verließ, hieß ich Faduma. Als sei das nicht Demütigung genug, hatte man mich die Dokumente, die die Änderung meines Namens anordneten, auch noch unterschreiben lassen. Die Verlängerung meines Visums, das ich seit der Hochzeit nur noch einmal im Jahr beantragen musste, war ein wahrer Spießrutenlauf. Eine unbefristete Aufenthaltsgenehmigung sollte ich erst nach fünf Jahren Ehe bekommen.

Wir wohnten in einer schönen Wohnung. Ich hatte Freundinnen – etwas, was ich nie kennen gelernt hatte, denn für Nomaden ist es schwierig, Freundschaften zu pfle-

193

gen. Auch in Mogadischu hatte ich hauptsächlich im Kreis meiner Familie gelebt. Walter hatte eine Stelle als Pressefotograf bei einem Zeitungsverlag gefunden, ich arbeitete, nachdem ich Kinder gehütet, Geschirr gespült und als Verkäuferin gejobbt hatte, als Buchbinderin in einer Druckerei. Die Arbeit war anstrengend, und manchmal schmerzten meine Hände, doch es machte mir Spaß, alte Bücher zu restaurieren. In den Ferien reisten wir nach Griechenland und Algerien, nach Malaysia, Thailand und Hongkong. Zwar hätte ich gern sofort Kinder bekommen, doch Walter wollte noch ein paar Jahre warten. Ich war einverstanden. Ich war glücklich zu wissen, wohin ich gehörte; so lange hatte ich mich hin und her gereicht, einsam und ungeliebt gefühlt. Von meinen Geschwistern bekam ich lange Briefe, wir schickten uns Kassetten, die wir füreinander besprachen; ab und zu rief Onkel Abdulkadir an.

Es ging uns gut in München.

In Somalia, wohin ich jederzeit zurückkehren konnte, hätte meine Familie uns ein eigenes Haus zur Verfügung gestellt. Wir hätten Personal gehabt. Mein Mann hätte in einer der Firmen meiner Onkel gearbeitet, wenn man ihm nicht sogar eine eigene Firma übereignet hätte. Wir hätten ein sehr angenehmes Leben in Mogadischus besseren Kreisen führen können.

Die Welt stand uns offen.

Die Leitung rauschte, ab und zu hörte ich die Stimme einer Frau. Als ich gerade auflegen wollte, hob Onkel Abdulkadir ab. Ich holte Luft, sagte: «Onkel, ich habe geheiratet.»

Stille. Nur das Rauschen, und die Frau, die sprach.

«Ich rufe dich zurück», sagte Onkel Abdulkadir. Dann ertönte ein Tuten in der Leitung.

Wieder wartete ich Stunden, bis eine Verbindung zustande kam, und lief nervös in der Wohnung umher. Aus Angst, meine Familie würde sie verbieten, hatte ich unsere Hochzeit verschwiegen. «Du hast geheiratet», sagte mein Onkel, als das Telefon endlich klingelte. «Daran ist nichts mehr zu ändern?»

«Nein, Onkel.»

«Ist es ein Landsmann?»

«Nein, ein Deutscher.»

«Jedenfalls hast du keinen Neger geheiratet.» Einen Augenblick verschlug es mir die Sprache. In Deutschland wurde ich als Negerin beschimpft. Doch auch die Somalis waren rassistisch; sie fühlten sich stets als die besseren Afrikaner. Eine Heirat mit einem Schwarzafrikaner – in den Augen meiner Familie wäre das eine Ehe weit unter Stand gewesen.

Drei Jahre nach unserer Hochzeit begann Khadija zu drängeln. Sie wollte meinen Mann kennen lernen. Ich hätte gern gewartet, bis wir unser erstes Kind hatten, doch es wurde wirklich Zeit, Walter meiner Familie vorzustellen, und wir entschlossen uns, nach Somalia zu fliegen. Walter hatte mich als junges Mädchen ohne Allüren oder Dünkel kennen gelernt. Ich begann, ihm mehr über meine Familie zu erzählen. Berichtete von Villen und Macht, von einem Onkel, der Geheimdienstchef, und dem anderen, der Finanzminister war, und von dem dritten, der die Druckereien des Landes kontrollierte. Ich berichtete von meinem Bruder, der bei der Befreiung der entführten Lufthansa-

Maschine 1977 in Mogadischu dabei gewesen war, und erzählte von meinem Onkel, dem Präsidenten. Manchmal sah mein Mann mich an wie eine exotische Prinzessin, manchmal glaubte er mir kaum. Manchmal verlor er auch einfach den Überblick angesichts der zahllosen Verwandten.

Diesen Verwandten mussten wir Geschenke mitbringen, aufwendige Geschenke, die sie gnädig stimmen und unsere bereits vollzogene Hochzeit wohlwollender aufnehmen lassen würden. Besonders wichtig waren die Geschenke für meinen Vater. Sie waren der Brautpreis, schließlich hatte Walter nicht offiziell um meine Hand angehalten. Mein Vater schickte eine Kassette. Als ich sie in den Recorder schob und die vertraute Stimme hörte, fühlte ich mich einen Moment wie ein kleines Mädchen. Langsam, immer nach dem rechten Wort suchend, sprach mein Vater, dankte zuerst Allah, dann den Geistern, dann seinen Kindern und den Schwiegereltern, bis er aussprach, was er sich wünschte: einen Leichtmetallkoffer. Außerdem ein Radio. Mein Bruder Mohamed, inzwischen ein erfolgreicher Tennisspieler, wünschte sich Tennisschläger, Turnschuhe, Socken und Tennisbälle. Khadija wünschte sich Parfüm. Onkel Abdulkadir wollte keine Geschenke, doch ich besorgte eine Flasche seines bevorzugten Eau de Toilette von Christian Dior. Und wir kauften Spielzeug für die Kinder.

Mit mehreren großen Koffern flogen wir von München über Rom nach Mogadischu. Kurz vor der Landung verteilte die Stewardess Formulare. «Du brauchst keine Devisenerklärung auszufüllen», sagte ich.

«Warum nicht?», fragte Walter.

«Weil wir weder Ausweis- noch Zollkontrolle passieren

werden.» Mein Mann sah mich verständislos an und bestand darauf, seine Devisen zu deklarieren.

Auf dem Rollfeld wartete bereits eine schwarze Limousine.

Onkel Abdulkadir war umgezogen. Das neue Haus stellte die Villa der russischen Botschaft noch in den Schatten. Für den Nachmittag hatte er zu einem Empfang geladen, und die gesamte Familie erschien, um Fadumo und ihren weißen Mann zu bestaunen. Walter und ich, seit dreißig Stunden auf den Beinen, schüttelten zahllose Hände. Am Abend, es war der 31. Dezember, ging der Empfang in eine Silvesterparty über, und wir wurden aufgefordert mitzufeiern. Die Älteren zogen sich zu einem Festessen zurück; Onkel Abdulkadir schien verstimmt, sagte jedoch nichts.

Meine Cousinen und Cousins, die alle Englisch sprachen, überhäuften Walter mit Fragen nach seinem Leben in Deutschland. Kurz vor Mitternacht, als wir auf das Dach der Villa stiegen, bauten sich vier von ihnen auf den Stufen auf, hoben den rechten Arm, schlugen die Hacken aneinander und brüllten: «Heil Hitler!»

Walter wurde blass.

«Warum tun sie das?», flüsterte er erschrocken.

«Weil sie dich besonders herzlich begrüßen wollen.»

Meine Cousins fragten: «Warum freut sich dein Mann nicht? Wir haben den ganzen Tag geübt.» Einer schüttelte den Kopf und sagte: «Es ist doch sehr höflich, wenn man einen Gast begrüßt, wie er es aus seiner Heimat gewohnt ist.»

Ich verzichtete darauf zu erklären, dass der Hitlergruß in

Deutschland unter Strafe stand und man darüber hinaus einem ehemaligen Hippie kaum etwas Schlimmeres antun konnte. Stattdessen suchte ich Deckung, denn in Somalia werden an Silvester nicht nur Feuerwerkskörper gezündet, es wird auch scharf geschossen.

Am Morgen folgte ein weiterer Empfang, dann ein Essen, Besuche, weitere Familienfeste. Ich sah meinen Vater wieder, der in der Nähe von Mogadischu sesshaft geworden war, und Ahmed, der nach fünfzehn Jahren als Soldat nach einem Beindurchschuss den Dienst quittiert und elf Kinder gezeugt hatte. Ich lernte die dritte Frau meines Vaters kennen. Sie breitete eine Decke über den Leichtmetallkoffer und stellte das neue Radio darauf. Als ich meinen Vater sah, wie er, alt geworden, aber immer noch stattlich und würdevoll, zwischen seinen vielen Kindern und Enkelkindern stand, während sein hennagefärbter Bart in der Sonne leuchtete, überkam mich ein Gefühl kindlicher Liebe. Ich umarmte ihn. Ich umarmte Jama und meinen kleinen Bruder Mohamed. Ich bat Khadija um Verzeihung, denn mit meiner Heirat hatte ich eine Regel verletzt: Traditionell heiraten die älteren Mädchen, bevor die jüngeren an der Reihe sind. Khadija zu übergehen war eine Beleidigung gewesen. «Gut, dass du nicht gewartet hast», sagte meine Schwester und lächelte. «Ich will gar nicht heiraten. Ich liebe meine Brüder, mit denen möchte ich leben.» Ich wusste, dass bereits mehrere Männer um Khadija geworben hatten. Erstaunlicherweise hatten weder mein Vater noch Onkel Abdulkadir, bei dem sie jetzt lebte, Khadija gezwungen zu heiraten.

Khadija und die Frauen der Familie nahmen Walter herzlich auf. Vor allem meine Schwester, an deren Urteil mir sehr viel lag, mochte ihn. Sie streichelte Walters weichen Bart, seine blonden Haare und schwärmte: «Wie Seide ...»

«Hauptsache, er ist kein Italiener», sagte meine Großtante.

Die Männer reagierten reservierter. Mein Vater verhielt sich Walter, wie fast allen Menschen gegenüber, zurückhaltend, aber sehr höflich. Einige erkundigten sich, ob mein Ehemann beschnitten sei. Ob er Moslem sei. «Selbstverständlich», antwortete ich. Tatsächlich war Walter während einer Reise auf die Malediven konvertiert. Fortan nannte man ihn in der Familie Rashid.

Neben den vielen engeren Verwandten erschienen auch Onkel und Cousinen und Tanten, an die ich mich nicht mehr erinnerte, und fragten: «Kennst du mich nicht mehr?»

Ich log: «Doch, doch.»

«Ich bin Tante Masbal, die Cousine von Leylas zweitältester Schwester.»

Ich nickte. Wer war nur Leyla?

«Wo sind denn die Geschenke für die Familie?»

«Das Schiff ist noch unterwegs», log ich. Die Tante musterte mich, dann zog sie davon und war zufrieden, wie es schien.

Am Ende der zweiten Woche weigerte sich Walter, weiterhin von einem Empfang zum nächsten gereicht zu werden. Er wollte endlich das Land entdecken.

Tagelang stritten wir mit Onkel Abdulkadir. Er verbot uns, Mogadischu zu verlassen, und weigerte sich, uns ein Auto zu leihen. Er erklärte, jedes Foto, das Walter machen wollte, bedürfe einer Genehmigung. Er beschwerte sich, dass mein Mann mit meinen Cousins Fußball spielte, und forderte mich auf, es ihm zu verbieten, dafür zu sorgen, dass er sich wie ein erwachsener Mann benehme. Ich war empört und konnte mir das Verhalten meines Onkels überhaupt nicht erklären. Schließlich gab Onkel Abdulkadir nach und ließ uns nach Marka, einer Stadt etwas südlich von Mogadischu, fahren. Marka ist berühmt für seine Strände. Jama, ein Chauffeur sowie ein Wachmann würden uns begleiten; alle drei waren bewaffnet. Niemand erklärte uns, warum das nötig war.

Am ersten Tag unserer Reise fuhren wir mit unserem Geländewagen an einer Tankstelle vor. Der Chauffeur tankte, und Walter zog sein Portemonnaie. Da stieg der Chauffeur ein und fuhr los. «Hey», rief ich, «wir haben doch noch gar nicht bezahlt.»

«Warum sollen wir bezahlen?», fragte Jama. «Das gehört uns doch sowieso alles.»

Walter reichte dem Chauffeur mehrere Geldscheine und sagte: *«Stop the car and go back, please.»*

«Sag deinem Mann, er soll das Geld einstecken», herrschte Jama mich an. «Er blamiert unsere Familie.»

Innerhalb kürzester Zeit stritten wir uns.

Später erreichten wir eine Plantage. «Wir werden euch Kokosnüsse besorgen», erklärte der Wachmann. Also stiegen wir aus und vertraten uns die Beine. Wenige Meter entfernt stieß jemand einen Schrei aus. Plötzlich schossen mehrere Dutzend Männer, mit Knüppeln bewaffnet, aus dem Gebüsch und liefen schreiend auf uns zu. Ihnen folgte ein Nilpferd. Ich kletterte aufs Autodach, Walter griff nach

200

seiner Kamera. Im Laufen das Objektiv wechselnd, rannte er hinter dem Nilpferd her, das wiederum hinter den Männern herrannte, die mit Knüppeln bewaffnet flüchteten. Beinahe wäre ich vor Lachen vom Dach gefallen.

Als die Bauern das Nilpferd aus den Bewässerungsanlagen der Plantage vertrieben hatten, schickten sie ein paar Jungs los, die die Palmen hinaufkletterten, um Kokosnüsse zu pflücken. «Sorg dafür, dass er nicht bezahlt», zischte Jama. Ähnliches wiederholte sich im Hotel, in Restaurants, auf Märkten.

Von Marka aus fuhren wir nach Kismayo und erreichten einen Grenzposten. Am Straßenrand standen mehrere Autos, Soldaten inspizierten das Innere der Fahrzeuge, wühlten in Koffern und Taschen. Kaum erkannten die Soldaten unser Auto, öffneten sie die Absperrung. «Was ist hier eigentlich los?», fragte ich meinen Bruder.

«Die sollen es wagen, uns anzuhalten!», erwiderte Jama. «Jeden, der das tut, erschieße ich.»

Ich war sprachlos, Walter ebenfalls.

Wieder in Mogadischu, machten wir uns allein auf und gingen auf den Markt. Am Abend zeigte ich Onkel Abdulkadir Masken und aus Holz und Meerschaum geschnitzte Tiere, die wir als Souvenirs nach Deutschland mitnehmen wollten. Sie gefielen ihm. «Woher habt ihr sie?»

«Wir haben sie bei einem Händler gekauft.»

Umgehend schickte Onkel Abdulkadir seinen Chauffeur los. Als er zurückkehrte, folgte ihm ein zitternder Mann. Mein Onkel zwang den Händler, uns das Geld zurückzugeben, was er auch tat, während ich protestierte. Mein Widerspruch erzürnte Onkel Abdulkadir. «Dein deutsches

Denken ist hier völlig fehl am Platz», schimpfte auch Jama. Ich erkannte meine Verwandten nicht wieder. Am nächsten Morgen gingen Walter und ich heimlich zum Markt und gaben dem Händler sein Geld. Doch er weigerte sich, es anzunehmen. In seinen Augen stand die blanke Angst.

Eines Nachmittags, während ich schlief, verschwand Walter, unbemerkt vom Wachmann, durch die Hintertür. Zu Fuß schlenderte er durch die Straßen Mogadischus, landete in einem Teehaus, bestellte einen Mokka und kam mit anderen Männern ins Gespräch. Woher er komme, fragten sie ihn. Aus Deutschland, antwortete Walter. Deutschland sei ein gutes Land, lobten die Männer, prima Fußballer und eine starke Wirtschaft. Aber was mache er denn in Somalia? Wir besuchen die Familie meiner Frau, antwortete Walter. Man fragte nach dem Namen. Innerhalb von Sekunden war das Teehaus wie leer gefegt, und Walter saß allein an seinem Tisch.

Wie Puzzlesteine fügten sich die Ereignisse schließlich zusammen. In Deutschland hatte ich Zeitungsberichte gelesen, in denen es hieß, der Clan des Präsidenten raube, morde und stehle. Von Aufständen und einem Putschversuch war die Rede gewesen. Ich hatte es nicht geglaubt. Ich hatte mir nicht vorstellen können, dass meine Verwandten Recht und Gesetz verletzten und herrschten wie Potentaten. Sie waren immer noch meine Verwandten! Meine Familie war mir heilig, ich ließ nicht zu, dass fremde Reporter sie in den Schmutz zogen. Wie immer, wenn ich etwas nicht wahrhaben wollte, verdrängte ich. Nun musste ich mir eingestehen, dass alles noch viel schlimmer war, als ich mir jemals hatte vorstellen können.

Somalia war eine Diktatur.

Eines Tages fuhren Walter, Khadija und ich zum Markt. Der Chauffeur steuerte den Wagen durch die engen Gassen. Feindliche Blicke begleiteten uns. Walter wurde beschimpft; ein weißer Mann in Begleitung zweier somalischer Frauen – das empörte die Menschen. Irgendwann wurden die Straßen schmal, also stiegen wir aus und gingen zu Fuß weiter. Wir hielten auf ein Geschäft zu, das somalische Trachten verkaufte. Zwei Jungen riefen uns Beleidigungen hinterher. Khadija schimpfte zurück, und sie war dabei nicht zimperlich. Ein Mann schrie: «Ihr Nutten!» Ein Junge warf einen Stein. Khadija gab ihm eine Ohrfeige.

Daraufhin brach ein Aufruhr los.

Dutzende Menschen stürmten auf uns zu, kamen von überall her, aus Häusern, Läden, überzogen uns mit Beschimpfungen und Flüchen, Steine flogen, immer mehr Steine. Wir flüchteten in einen Friseursalon. Khadija telefonierte. Draußen tobte der Mob. Ich hatte Angst.

Minuten später räumten Militär und Polizei das Viertel. Kaum tauchten die ersten Einsatzkräfte auf, verschwanden die Menschen in ihren Häusern, in Winkeln und Gassen, die nur sie kannten und in denen sie sich, das war offensichtlich, nicht zum ersten Mal versteckten.

Der Ältestenrat trat zusammen. Jama hatte sich in eine geschiedene, sehr wohlhabende Frau verliebt, die jedoch einem anderen Stamm angehörte. Mein Bruder musste die Familienoberhäupter um Erlaubnis bitten, sie zu heiraten. Er war gezwungen, ihren Beschluss anzuerkennen, egal wie er ausfiele. Bevor die Männer sich zurückzogen, debattierten sie, ob Walter der Runde angehören sollte. Eine Hälfte plädierte dafür: Walter war immerhin mein Mann und gehörte nun zum Clan. Die andere Hälfte war strikt dagegen: Walter war neu und sollte sich erst einmal bewähren. Außerdem sprach er kein Somali.

Wir müssen einen Dolmetscher holen, sagten die Befürworter.

Wer könnte das sein?, fragten die Kritiker.

Fadumo!

Eine Frau im Familienrat?

Ausgeschlossen!, riefen alle.

Walter verzichtete auf seine Teilnahme und gab seine Stimme meinem Vater. Onkel Abdulkadir war darüber erbost. Die Beratungen begannen. Stunde um Stunde verging, Jama lief umher, immer im Kreis, wie ein nervöser Tiger. «Wie kannst du andere über deine Hochzeit entscheiden lassen?», fragte ich. «Es ist dein Leben, deine Zukunft!»

«Was die Familie beschließt, muss ich akzeptieren», gab Jama zurück. «Ich bin nicht wie du.»

«Was meinst du damit?», fragte ich.

«Nun …» Plötzlich schien Jama nach Worten zu suchen. «Du hast gegen die Regeln verstoßen. Aber du bist behindert. Alle sind froh, dass du überhaupt einen Mann gefunden hast.» Es war, als habe man mir einen Knüppel vor die Brust geschlagen. Mein Mann hatte nie ein Wort über meine krummen, steifen Hände und Füße verloren, aber mein eigener Bruder verstieß mich! Etwas in mir wurde plötzlich sehr hart.

Am Nachmittag wurde Jama in den Saal gerufen. Mit hängendem Kopf verließ er kurz darauf das Haus.

Später beriet der Familienrat über mich. Man wollte ein Hochzeitsfest geben, mich noch einmal nach dem Recht des Korans und der Tradition des Landes verheiraten. Als Frau hatte ich zwar keine Stimme, aber dennoch sprach ich mich dagegen aus. Walter erklärte, er sei bereits mit mir verheiratet und müsse kein zweites Mal verheiratet werden. Wütend wandte sich Onkel Abdulkadir ab. Onkel Osman, sein Bruder, verkündete, er werde mir trotzdem ein Hochzeitsgeschenk machen. «Ich werde dem Mädchen einen Koffer voll Schmuck kaufen!» Er sagte es, weil er wusste, dass es Onkel Abdulkadir ärgern würde. Manche Männer beschwerten sich. Mir stehe kein Hochzeitsgeschenk zu, schließlich hätte ich keine Geschenke aus Deutschland mitgebracht. Mein Vater meldete sich zu Wort, erinnerte an die antike persische Pistole, die Walter ebenjenem Onkel mitgebracht hatte, der sich am lautesten beschwerte. Onkel Abdulkadir beauftragte nun seinerseits einen Juwelier, um Berge von Goldschmuck für mich anfertigen zu lassen.

Am Ende der vierten Urlaubswoche war ich völlig zermürbt. Walter fühlte sich eingesperrt und, zumindest von den Männern, nicht akzeptiert. Sie verlangten, dass er sich ihren Regeln unterordnete, aber dazu war er nicht bereit. Er rebellierte, statt den Älteren jenen kritiklosen Respekt entgegenzubringen, den sie, allen voran Onkel Abdulkadir, erwarteten. Ich fühlte mich meiner Familie zwar verpflichtet, aber ich verstand und teilte Walters Haltung.

Ich war nicht mehr das Mädchen, als das ich Mogadischu verlassen hatte. Auf unseren Reisen um die Welt hatte mein Mann mich oft durch den Sucher seiner Kamera sehen lassen. So fokussiert hatte ich Schönes gesehen,

205

Glanz, aber auch unfassbare Armut und Elend, die meist nur wenige Meter entfernt lagen. Demütigende Erfahrungen in Deutschland hatten meinen Sinn für Gerechtigkeit geschärft. Die vielen Gespräche mit meinem Mann hatten mich zu einer sozial denkenden Frau reifen lassen. Vielleicht brach auch endlich durch, was Tante Madeleine uns vorgelebt hatte, als sie zu Armenspeisungen lud. Es war mir längst selbstverständlich, meinen Müll selbst hinunterzutragen und meine Wäsche zu waschen. Es war peinlich, vor allem aber tat es weh zu erkennen, wie naiv ich damals in Mogadischu gewesen war. Siad Barre war so selbstverständlich mein Onkel und ein Mitglied der Familie gewesen, dass ich nie auch nur im Ansatz auf die Idee gekommen war, seine Politik zu hinterfragen.

Ein paarmal versuchte ich mit Jama zu reden, aber er fuhr mir über den Mund. Onkel Abdulkadir anzusprechen, traute ich mich nicht, zu gespannt war die Stimmung zwischen uns. Meine Familie herrschte und glaubte sich im Recht. Jeder Angriff von außen ließ sie enger zusammenrücken und Härte demonstrieren. Und von der kleinen Fadumo aus Deutschland ließ sich schon gar niemand etwas sagen.

Traurig und voller Sorge flog ich zurück nach München.

Zwei Hautfalten. Dazwischen glatte Haut. Die Schamlippen, ein wenig schief und uneben, eine Öffnung.

Das war es also.

Ich hatte es endlich sehen wollen. Mir fehlte jede Vorstellung von diesem Teil meines Körpers, und hätte ich nicht die kleinen Mädchen unserer Familie als Babys gesehen – ich hätte nicht einmal eine Vorstellung gehabt, wie ich einmal ausgesehen hatte. Ich betrachtete, was die Beschneiderin übrig gelassen und was Dr. Schmidt versucht hatte, soweit möglich wiederherzustellen. Versuchte, mir die riesigen, Ekel erregenden Wucherungen vorzustellen, die dort gewesen sein sollen. Es fiel mir schwer. Waren die Geschlechtsorgane einer Frau tatsächlich so abstoßend? Oder war das eine Phantasie, hinter der sich Ängste verbargen? Ich legte den Spiegel beiseite. Jähes Bedauern erfasste mich. Man hatte mir etwas genommen, und ich würde nie erfahren, wie es gewesen wäre, wenn meine Geschlechtsorgane intakt geblieben wären.

Nachdem Walter und ich das erste Mal miteinander geschlafen hatten, überrollte mich eine Woge von Erleichterung und Stolz. Endlich war ich eine richtige Ehefrau und hatte hinter mich gebracht, was erwartet wurde, und dieser Akt hatte mich nicht zerstört. Ich hatte überlebt! Ich fühlte mich vollkommen. Die Liebe zu meinem Mann wuchs ins Unermessliche und verband sich mit überschwänglicher Dankbarkeit. Meine Lust entdeckte ich erst viel später.

Es war vor allem tiefe Scham, die mir im Weg stand. In der Welt, in der ich groß geworden war, sprach man nicht über Intimitäten; selbst moderne, europäisch beeinflusste Menschen wie Tante Madeleine und Onkel Abdulkadir machten allenfalls Andeutungen. Ich schämte mich eigentlich ständig. Ich schämte mich für meinen Körper, nicht zuletzt für seine Unvollkommenheit. Ich schämte mich, weil ich mit meinem Mann schlief. Ich schämte mich sogar, wenn ich ein hübsches Kleid anzog. Mädchenhaft überspielte ich meine Verlegenheit, alberte herum und balgte mich mit meinem Mann, anstatt ihm wie eine Frau zu begegnen. Gespräche über Sexualität oder ausgedehnte Zärtlichkeiten kosteten mich Überwindung. Es vergingen Jahre, bis sie mir auch Freude machten. Ich war Walter dankbar, dass er mich immer wieder ermutigte, auch nein zu sagen und ihm zu signalisieren, wenn ich nichts spürte oder keine Lust hatte. Es fiel mir furchtbar schwer, denn ich wollte ihn ja nicht verletzen. Doch Walter bestand darauf, niemals etwas zu tun, was ich nicht auch wollte.

Es war Dr. Schmidt, dem ich meine zaghaften Entdeckungen anvertraute, den ich um Rat bat und um Bestätigung, dass es richtig war, was ich tat. Ihn rief ich an, wenn ich mich deprimiert fühlte oder überfordert. Mein Verhältnis zu ihm war innig. Er wurde zu einer Art Vaterersatz. Allerdings kannte Dr. Schmidt Geheimnisse, die ich meinem wirklichen Vater niemals hätte anvertrauen können. «Nun, wie sind Sie vorangekommen?», fragte er, wenn ich das nächste Mal in die Praxis kam. Er ließ sich berichten, wie empfindlich meine Haut inzwischen auf Berührungen reagierte. Er ermutigte mich. Ich würde noch sensibler werden. Er untersuchte mich, lobte: «Das Gewebe hat sich sehr gut erholt.» Anfangs schämte ich mich auch dafür, doch selbst für die Scham war hier Platz. Dr. Schmidt ließ all meine widerstreitenden Gefühle zu.

Das machte mich, langsam, aber stetig, immer sicherer.

Irgendwann wollte ich wissen, wie es war, Lust zu empfinden. Ich begann, meinen Körper zu erkunden. Ich berührte ihn nicht mehr nur notgedrungen, weil ich mich waschen oder eine medizinische Salbe auftragen musste, so schnell und nüchtern, dass der Kopf kaum wahrnahm, was die Hand tat. Ich entdeckte, wie ich mich reizen konnte. Das Fehlen der Klitoris machte es schwieriger, aber nicht unmöglich.

Weil die Lust dort wohnt, muss man ihr Haus zerstören.

Mädchen werden beschnitten, damit sie als Frauen keine Lust empfinden. Ihr sexuelles Verlangen soll unterbunden werden, darum entfernt man die Klitoris. Die Beschneidung eliminiert die Erregbarkeit. Das schützt, so glaubt man, die Moral. Es schränkt das Begehren ein und die Begierde, unterbindet unmoralische Gedanken und Handlungen.

Welche Gründe auch angeführt werden – ästhetische (die Hautlappen der Schamlippen und der Klitoris seien riesig und Ekel erregend), hygienische (nach der Beschneidung sei es viel einfacher, sich zu waschen), medizinische (das Zunähen verhindere übel riechenden Ausfluss) –, die Kontrolle über die Sexualität einer Frau wird als Vorteil gesehen. Der weibliche Sexualtrieb sei um ein Vielfaches stärker als der männliche, behauptet man, und mit der Beschneidung werde die Frau von diesem Übel befreit.

Entfernt man das Haus, entfernt man die Lust.

Ein Jahr nachdem Walter und ich meine Familie besucht hatten, kehrte ich allein nach Somalia zurück. Khadija reagierte enttäuscht, Onkel Abdulkadir beleidigt. Meine Tanten machten sich Sorgen. «Sag die Wahrheit, Kind», drängte meine Großtante. «Hat er dich verlassen?»

Aber ich war gekommen, um meine Gefühle zu ordnen. Die Familie von Onkel Abdulkadir und Tante Madeleine war zerbrochen, die Villa verkauft. Im Land wuchs die Unzufriedenheit, und ich fragte mich, wie lange meine Verwandten ihre Macht noch würden halten können. Es war, als hätte ich die Reste dessen verloren, was mein Zuhause gewesen war.

Kurz nach der Ankunft suchte ich eine Aussprache mit Onkel Abdulkadir. Fremde Frauen gingen bei ihm ein und aus, während Tante Madeleine zur unerwünschten Person geworden war. In meinen Augen hatte mein Onkel seine Exfrau verraten, und das nahm ich ihm übel. Auf eine unbestimmte Art fühlte ich mich für die Scheidung sogar verantwortlich. Doch Onkel Abdulkadir entzog sich mir. Er war selten zu Hause und verreiste häufig. Mein freundlicher Onkel war ein herrschsüchtiger, unzufriedener Mann geworden. Ich hätte viel darum gegeben, wenn er mir wie früher über den Kopf gestrichen, wenn es diese vorbehaltlose Nähe zwischen uns wieder gegeben hätte. Doch ich war kein Kind mehr. Unausgesprochen warf jeder von uns beiden dem anderen vor, dass er sich verändert hatte.

Enttäuscht von Onkel Abdulkadir, besuchte ich Tante Madeleine. Sie bewohnte ein eigenes Haus und hatte ihr Auskommen. Doch man lud sie nicht mehr zu den Festen und Empfängen ein. Aus gewissen gesellschaftlichen Kreisen hatte man sie ausgeschlossen. Das zu sehen machte mich traurig. Für mich war Tante Madeleine immer noch eine einzigartige Frau, und Onkel Abdulkadir hatte einen großen Fehler begangen. Dennoch verließ auch ich meine Tante und kehrte zurück ins Haus meines Onkels. Ich liebte beide, doch meinem Onkel fühlte ich mich stärker verpflichtet. Er war immerhin der Bruder meines Vaters.

Männer dominieren in der somalischen Gesellschaft. Schon Kinder lernen, männliche Verwandte den weiblichen vorzuziehen.

Ich verbrachte die Tage mit meinem Vater. Im Schatten auf einer Bank sitzend, erzählten wir einander Geschichten, und die Zeit ging dahin. Bis in den Morgen hinein redete ich mit Khadija, wie einst, als wir als Nomadenkinder abends um ein Feuer herumgesessen hatten. Ich besuchte meinen Bruder Ahmed, seine Frau und ihre elf Kinder. Meine Geschwister fragten mich über das Leben in Deutschland aus; keiner außer Khadija war jemals gereist. «Stimmt es, dass die Frauen in Deutschland nackt herumlaufen?», fragte Jama.

«Ich habe noch keine gesehen», antwortete ich. «Aber am Meer und an manchen Flüssen kann man nackt baden.»

«Wirklich?» Niemand wollte mir glauben.

Irgendwann nahm mein Vater mich zur Seite. «Also, meine Tochter», sagte er, zupfte an seinem Bart und ließ sich Zeit, bis er die Worte fand. Ungeduld kribbelte in meinem Bauch. «Du weißt», fuhr mein Vater fort, «Kinder sind ein Geschenk Allahs.» Ich verstand und schüttelte den Kopf. «Ist mit deinem Mann etwas nicht in Ordnung?»

«Alles ist in Ordnung, Papa. Walter muss arbeiten, darum bin ich allein gekommen.»

«Aber ihr seid nun schon so lange verheiratet.»

«Wir werden bald Kinder bekommen.» Mein Vater sorgte sich um mich. Ich konnte ihm unmöglich erzählen, dass ich verhütete.

Ich verbrachte Wochen im Kreis meiner Verwandten. Ich musste diesmal nicht übersetzen oder zwischen den Fronten

211

vermitteln, und nie hatte ich das Gefühl, jemanden zu vernachlässigen. Je näher das Ende kam, desto häufiger dachte ich darüber nach, Khadija mit nach Deutschland zu nehmen. Meine Schwester führte Onkel Abdulkadir das Haus, beaufsichtigte die Dienstboten, kochte und sorgte sich um ihre Brüder, die gern alles annahmen, sich jedoch nie revanchierten. Khadija opferte sich auf, und niemand erkannte das an. Niemand brachte ihr den Respekt entgegen, den sie verdiente. Meine Schwester lebte das typische Leben einer somalischen Frau. Ich wollte, dass sie aufhörte, andere zu bedienen, dass sie lesen und schreiben lernte, sich bildete und entwickelte. Ich wollte, dass auch Khadija ein freies, unabhängiges und glückliches Leben führte.

Meine Schwester lächelte nur und sagte: «Unsere Deutsche.»

Auch Jama behandelte mich manchmal wie eine Ausländerin.

Die dritte Frau meines Vaters fragte: «Spricht sie noch unsere Sprache?»

Mir waren die Sprache und die Traditionen meiner Heimat keineswegs fremd geworden. In meinen Augen hatte ich nur einige Freiheiten einer anderen Kultur hinzugewonnen.

Am Tag vor der Abreise besuchte ich ein letztes Mal Onkel Abdulkadir. Diesmal sprach ich das andere Thema an, das mir auf der Seele lag: «Stimmt es, was die Zeitungen im Ausland über Onkel Siad verbreiten?»

«Was schreiben sie?», fragte Onkel Abdulkadir und zündete sich an einem heruntergerauchten Stummel eine neue Zigarette an.

Ich zögerte. «Ich weiß nicht, ob du das wirklich hören willst.»

«Nun sag schon.» Mein Onkel wirkte außerordentlich nervös.

«Sie schreiben, dass Onkel Siad ein Diktator sei und das Land ruiniere.»

«Alles Lügen! Diese Schmierfinken bei den ausländischen Zeitungen sind nur neidisch.»

Damit war das Gespräch beendet.

Wir weinten vor Glück, als wir es erfuhren: Ich war schwanger.

Es wurde eine aufwühlende, anstrengende Schwangerschaft. Bis zum Ende des fünften Monats übergab ich mich mehrmals täglich und wurde noch dünner, als ich schon war. Dennoch verfügte ich über ungeheure Energie. Dr. Schmidt verordnete mir Vitamine und strikte Ruhe. Artig aß ich Obst, doch es fiel mir furchtbar schwer, still auf dem Sofa zu liegen. Walter hatte eine größere Wohnung gefunden, wir strichen die Wände und rückten Möbel. Seine Mutter rief oft an, erkundigte sich nach meinem Zustand und ermahnte mich, mich zu schonen. Wir hatten uns versöhnt, nachdem Walter mit einem Bruch gedroht hatte, und nun wartete sie, selig vor Glück, auf ihr erstes Enkelkind. Nichts konnte mich bremsen. Als eine Gruppe Rechtsradikaler in der Fußgängerzone einen Stand aufbaute und Flugblätter mit «Ausländer raus!»-Parolen verteilte, trat ich mit einem gezielten Tritt ihren Stand ein. Mehrere Männer kamen mir zu Hilfe. Ich hatte Glück; ein Springerstiefel in meinem Bauch hätte mein Kind das Leben kosten können. Doch

Schwangere denken nicht logisch, sie denken schwanger, und nichts konnte mich aufhalten in diesen Tagen.

Ich war eine Frau, und ich bekam ein Baby.

Jahrelang hatte ich diesen Körper gehasst, hatte ihn, so gut es ging, ignoriert. Er hatte mich enttäuscht und mir ständig Schmerzen und Probleme bereitet. Er war mager und krank gewesen, niemals richtig weiblich und schön. Er war nie so gewesen, wie er hätte sein sollen. Hätte ich gekonnt, ich hätte ihn jederzeit verlassen und wäre in einen Ersatzkörper geschlüpft. Doch nun war mein Leib das Zentrum meines Lebens und des Lebens meines Kindes.

Ich rief Khadija an und lud sie ein, uns zu besuchen. «Wir schicken dir ein Flugticket. Du wirst bei uns wohnen.»

«O ja, gern.» Trotz der schlechten Leitung hörte ich Freude in ihrer Stimme.

«Wir werden München unsicher machen. Vielleicht fahren wir sogar nach Berlin.»

«O ja!»

«Gut, ich rufe dich an, wenn wir einen Flug gebucht haben.»

«Ja. Ich freue mich. Bis bald.»

Dann wachte ich zum ersten Mal nachts auf, schweißgebadet. Ich hatte geträumt, der Kopf des Kindes dränge aus meinem Bauch heraus, bleibe jedoch auf halbem Weg stecken. Hilflos musste ich zusehen, wie unser Baby erstickte. Walter versuchte mich zu beruhigen.

In der folgenden Nacht fand ich mich in einem Wald wieder, allein, auf einer Lichtung. Plötzlich begannen die Wehen, doch das Kind lag quer und kam nicht heraus.

Jede Nacht kamen diese Bilder, in denen mein Leib zugenäht war, das Kind nicht geboren werden konnte und sterben musste.

Jede Nacht kamen der kalte Schmerz im Rücken und die rasende Angst.

Dann tauchten die Phantasien auch tagsüber auf. Innerhalb von Sekunden wurde mir schwindelig, ich begann zu zittern und musste mich setzen. Ich sah die Hände der Beschneiderin und hörte das quietschende Geräusch der Dornen. Ich roch den Staub und das Blut. Die Erinnerungen waren scharf und klar. Blauer Schmerz wallte durch meine Beine, von den Fersen bis hinauf ins Becken. Und plötzlich spürte ich sie wieder, die alte Trennung, die alte Feindschaft. Mein Unterleib gehörte nicht zu mir, er führte ein Eigenleben. Und er war stärker als ich.

Der Schmerz verselbständigte sich. Sobald ich an die bevorstehende Geburt dachte, fror mein Körper ein, meine Gliedmaßen prickelten und stachen, und am Ende verkrampfte sogar mein Kiefer. Ich rief Khadija an. «Bitte, komm schnell. Es kann jeden Tag so weit sein.» Dr. Schmidt hatte den 5. März errechnet.

«Ahmed ist erkältet. Ich kann ihn nicht allein lassen.»

«Aber Ahmeds Frau kann sich um ihn kümmern. Außerdem hat er nur eine Erkältung.»

«Ich muss bei ihm sein. Ich komme, sobald er gesund ist.» Ich verstand meine Schwester nicht; enttäuscht legte ich auf.

Dann kam der 5. März. Und verstrich.

Der 6. März verstrich.

Der 7. März verstrich.

Am 10. März, einem Sonntag, bemerkte ich, dass die

Haut über meinem Bauch nicht mehr so straff gespannt war wie vorher. Walter rief die Hebamme. Sie untersuchte mich. «Machen Sie sich keine Sorgen», sagte sie. «Ihr Kind lässt sich ein bisschen Zeit.»

Montagmorgen war ich grau im Gesicht. Dr. Schmidt schickte mich ins Krankenhaus. Man stellte eine ungewöhnlich hohe Eiweißkonzentration im Urin sowie stark erhöhten Blutdruck fest, die typischen Symptome einer Schwangerschaftsvergiftung. Die Herztöne des Kindes waren nur noch schwach. Ich bekam Infusionen und Medikamente. Zwei weitere Tage vergingen, dann ordneten die Ärzte einen Kaiserschnitt an. «Bitte nicht heute», flehte ich. Am 13. war Walters Vater gestorben, unser Kind sollte nicht an seinem Todestag geboren werden. Die Ärzte sahen mich nur verständnislos an.

Die Narkose wirkte noch nicht, da schnitt man schon meinen Bauch auf. Es war, als würde ein schweres Tuch zerrissen. Der Schmerz nahm mir die Luft. Dann wurden meine Augen schwer. Als ich zu mir kam, legte mir eine Schwester unser Baby in den Arm. «Hat es …», fragte ich, noch halb betäubt, «… hat mein Kind zehn gerade Finger?»

Als ich das nächste Mal erwachte, war Philip fort.

Ich tobte, weinte und schrie die Schwestern an, ich wollte mein Kind sehen! Doch Philip war auf die Intensivstation der Kinderklinik gebracht worden. Die Geburt war dramatisch verlaufen; trotz Kaiserschnitt und Narkose hatte ich Presswehen bekommen und mich gewunden, während die Ärzte das Baby holten. Ich hatte mit aller Kraft gedrückt, während der Anästhesist Betäubungsspritzen in

meine Schenkel stach. Mit jeder Wehe war ein Schwall
Blut herausgeschossen. Schließlich hatte man mich festgebunden. Beinahe wäre ich verblutet. Als Dr. Schmidt die
Nabelschnur durchtrennte, waren Philips Herztöne kaum
noch zu hören.

Mein Bauch schmerzte, die Wunde heilte langsam, doch
wirklich qualvoll war es, den anderen Müttern zuzusehen,
wie sie mit seligem Lächeln ihre Babys umhertrugen und
sie stillten. Milch rann in einer Menge aus meinen Brüsten,
wie ich es nie vermutet hätte. Es war, als brüllte mein ganzer
Körper vor Sehnsucht nach meinem Sohn. Ich spürte jeden
Zentimeter, der uns trennte.

Walter fuhr täglich hin und her und brachte Polaroid-
fotos. Er beschrieb jede noch so winzige Entwicklung unseres Kindes. Die Bilder und Erzählungen machten mich nur
noch trauriger. Schließlich sagte mein Mann: «Komm, es ist
Mittagspause. Ich fahre dich schnell rüber.»

Heimlich verließen wir die Station. Jeder Schritt tat mir
unsagbar weh. Ich konnte kaum sitzen und biss die Zähne
zusammen, als Walter mir ins Auto half. Bei jeder Schwelle,
über die wir fuhren, hob ich den Po, um die Erschütterung
abzufangen; doch es war natürlich unmöglich, den Po zu
heben, ohne die Bauchmuskeln zu spannen. Alles schmerzte. Ich war unendlich erleichtert, als Walter auf das Gelände
der Kinderklinik bog.

Dort sah ich ihn, durch eine gläserne Wand hindurch.

Eine Schwester hielt Philip im Arm, sie lächelte. Maßloser Zorn packte mich, nur mühsam gelang es mir, mich
zu beherrschen. Dies war *mein* Kind! Die fremde Frau hatte
kein Recht, es zu berühren, es zu liebkosen! Walter schob

mich in den Raum. Mit zitternden Beinen beugte ich mich über unseren Sohn. Philip sah aus wie ein alter Mann, sein Gesicht war faltig, die Haut dünn und durchscheinend wie Pergament. Seine Augen wirkten, als hätten sie schon viel gesehen. Winzig und ausgezehrt lag er in seinem Wärmebett. In seinen Ärmchen steckten Nadeln, in seiner Nase ein Schlauch. Drähte führten zu Apparaten, und auf den Bildschirmen der Monitore bauten sich Kurven auf, die im nächsten Augenblick wieder zerfielen, um sich gleich darauf zu neuen Kurven aufzubauen.

Ich verlor die Fassung und weinte.

Als Philip entlassen wurde, wog er zweitausendvierhundert Gramm. Er war winzig wie ein Wurm, hatte einen großen Mund, wunderschöne Füße und die Kraft eines Riesenbabys. Er schlief nie länger als eine halbe Stunde. Auch ich schlief nicht. Ich hörte auf zu essen und wog nur noch vierzig Kilo. Aber unser Sohn wuchs und wurde jeden Tag ein wenig runder.

Ich rief Khadija an. Sie weinte, als ich sagte, sie sei Tante geworden. «Wir haben einen Flug für dich reserviert.»

«Ich komme, sobald Vater zurück ist.»

«Warum? Wo ist er?»

«Er besucht Onkel Yusuf und seine Familie.»

«Und warum kannst du mich deswegen nicht besuchen?»

«Erst muss ich wissen, dass es allen gut geht.»

«Du kannst anrufen.»

«Nein, ich muss mich mit eigenen Augen überzeugen. Die Familie braucht mich.»

«Ich brauche dich auch. Du bist meine Schwester.»

«Ich komme, sobald unser Vater zurückgekehrt ist.» Meine Schwester bemühte Ausflüchte; ich verstand nicht, warum. Ich war verletzt.

In Somalia hätten mich die Frauen meiner Familie gepflegt; in Deutschland kam Waris aus Augsburg und zog für eine Woche bei uns ein. Es gab nicht viel, was ich noch nicht über Babypflege wusste, doch Waris gab mir Halt. Unser Leben stand Kopf, seit es vom Rhythmus eines energiegeladenen, nimmermüden Kindes bestimmt wurde. Dennoch vermisste ich Khadija und rief sie wieder an. Hielt den Hörer neben das Kinderbett, ließ sie hören, wie Philip gurrte und krähte. «Er wird jeden Tag schöner. Wir haben ihn Philip Jama genannt.»

Khadija weinte. «Du hast die Tradition nicht vergessen», sagte sie. Erst da fiel mir ein, dass in der Familie meiner Mutter in jeder Generation ein Sohn Jama genannt worden war. Unbewusst hatte ich das Familienerbe weitergegeben.

«Du wolltest so gern Tante werden. Wann besuchst du deinen Neffen?»

«Nach der Gedenkfeier zu Mutters Todestag. Dann komme ich bestimmt.»

Doch Khadija kam nicht. Stattdessen starb, drei Wochen nach der Geburt ihres Enkels, Walters Mutter.

• ACHT •

UND DANN BEGANN DER KRIEG in Somalia.

Das Fernsehen zeigte Bilder von Milizen, von jungen Männern, die waffenstarrend durch die Straßen der Hauptstadt rasten und um sich schossen, Bilder von Flüchtlingen, von Kindern mit angstverzerrten Gesichtern, von Leichen, die den Straßenrand säumten. In den Nachrichtensendungen schilderten Korrespondenten die Kämpfe zwischen Guerillas und der Armee, berichteten von Massakern und Blutbädern. Die Zeitungen zählten täglich die Toten und Verletzten.

Somalia explodierte, und aller Hass, alle Wut ergoss sich auf die Regierenden, auf den gesamten Marehan-Clan, auf meine Familie. Meine Cousine wurde von marodierenden Aufständischen zwischen zwei Autos gespannt und in Stücke gerissen. Mein Lieblingscousin Said und zahllose andere Männer wurden umgebracht, Frauen vergewaltigt, eine Tante gesteinigt. Mein Vater starb, als das Auto, in dem er mit anderen Stammesältesten unterwegs war, von einer Mine in die Luft gesprengt wurde.

Jedes Mal, wenn das Telefon klingelte, erstarrte ich.

In den achtziger Jahren gründeten die verschiedenen Stämme Somalias eigene Parteien. Im Exil formierte sich politischer Widerstand, aber auch innerhalb Somalias entstand eine Oppositionsbewegung. Präsident Siad Barre ließ seine

Truppen gegen sie vorgehen. Die Repressionen führten zu weiteren Anschlägen und Überfällen. Die Regierung begann, offen gegen die eigene Bevölkerung zu kämpfen.

Immer häufiger spalteten sich Oppositionsgruppen, weil Stämme und Clans sich untereinander zerstritten. Die somalische Armee löste sich auf; Soldaten liefen zu den Milizen ihrer jeweiligen Clans über. Aufständische versuchten ein weiteres Mal, den Präsidenten zu stürzen; regierungstreue Truppen reagierten mit einem Massaker. Menschen wurden allein aufgrund ihrer Clanzugehörigkeit verfolgt und verhaftet.

Mehr als hundert prominente Somalis schlossen sich über Clangrenzen hinweg zusammen und riefen zu einer Lösung des Konflikts auf. Der Präsident ließ die Unterzeichner des Manifestes verhaften. Während einer Veranstaltung im Stadion von Mogadischu wurde Siad Barre ausgebuht; Sicherheitskräfte richteten ein Blutbad unter den Besuchern an. Tausende Menschen starben.

Ein Bürgerkrieg begann.

Präsident Siad Barre floh.

Wie hypnotisiert stürzte ich mich auf jede Zeitung, jeden Bericht, jede noch so kurze Nachricht aus meiner Heimat. Nachdem Onkel Siad geflohen war, wurde Ali Mahdi Mohamed zum neuen Präsidenten ernannt, doch auch seine Partei schloss die anderen Clans bei der Regierungsbildung aus. Die Kämpfe gingen also unvermindert weiter. Konferenzen und Versöhnungsgespräche scheiterten oder wurden kurzfristig abgesagt. Somalia spaltete sich in zwei Lager: eines wurde von General Mohammed Farah Aidid angeführt, einem Angehörigen des Hawiye-Stammes, das andere von Ali Mahdi Mohamed, ebenfalls ein Hawiye, der jedoch aus einem anderen Clan stammte. Gemeinsam war ihnen, dass sie die Daarood, meine Angehörigen, niedermetzelten. Jeder kämpfte gegen jeden, die staatliche Ordnung zerfiel, überall wurde gebombt, geschossen, gemordet. In Somalia galt Blutrache. Wann immer Männer des einen Stammes getötet wurden, rächte sich dieser, indem er ebenso viele Vertreter des anderen Stammes tötete, und noch einen dazu. Waren endlich alle Männer tot, tötete man die Frauen, schnitt sogar Schwangeren die Bäuche auf, damit sie keine Kinder, vor allem keine Söhne, mehr gebaren. Das Morden hörte nie auf. Nur selten konnte der Ältestenrat eingreifen und aushandeln, dass Rachefeldzüge um den Preis mehrerer Kamele beendet wurden. Auch Töchter verkaufte man und verheiratete sie mit dem Feind, um eine Fehde zu beenden.

Mit letzter Kraft versorgte ich unseren Sohn, baute Türmchen aus Bauklötzen, sang Kinderlieder und schob den Kinderwagen durch den Englischen Garten. Sobald Philip schlief, saß ich am Telefon. Anfangs wusste ich nicht, an wen ich mich wenden sollte. Ich rief die Caritas an, fragte, wie ich meine Verwandten finden und erfahren könnte, wer das Gemetzel überlebt hatte, dem Mob entkommen und wohin er geflohen war. Man verwies mich an das Internationale Rote Kreuz. Stunde um Stunde füllte ich Suchanträge aus, trug die Namen meiner Geschwister in Formblätter ein, ihr Alter, ihre Größe, erwähnte unter der Sparte «besondere Merkmale» Khadijas Brandmal an der rechten Hand. Niemand ahnte, wo Ahmed, Jama, Mohamed und Khadija sich aufhielten, niemand wusste, ob sie noch lebten.

Monate vergingen. Ich schlief nicht mehr und hörte auf zu essen. Stumpf und leer tat ich, was zu tun war. Schuldgefühle drückten mich nieder. Warum hatte ich meine Schwester nicht stärker bedrängt? Sie wäre jetzt in Deutschland. Jeden Morgen lief ich zum Briefkasten, jeden Nachmittag telefonierte ich mit Flüchtlingsorganisationen. Abends hockte ich vor dem Fernseher, weinend und ohnmächtig, und sah zu, wie marodierende Soldaten und Söldner meine Heimat in Schutt und Asche legten.

Dann kam ein Brief von Khadija.

Sie lebte! Sie war aus Mogadischu geflohen und hatte sich nach Kenia durchgeschlagen. Während der wochenlangen Reise war sie von einem Lastwagen gestürzt und hatte sich Finger und Zehen gebrochen. Nun lebte sie in einem Flüchtlingslager. Dort hatte man ihre Zehen amputiert. Wegen schlechter hygienischer Bedingungen hatte Khadija sich mit Hepatitis infiziert. Ich war erleichtert, schockiert, glücklich und verzweifelt.

Später erfuhr ich, dass auch Jama noch am Leben war. Er war über Kenia nach Uganda gelangt. Mohamed hatte sich nach Kismayo durchgeschlagen, in ein Gebiet, in dem hauptsächlich Marehan lebten, bei denen er vergleichsweise sicher war. Ahmed lebte mit seiner Frau, einer Hawiye, in deren Stammesgebiet. Dort versteckte sie ihn.

Walter und ich schickten alles Geld, das wir hatten.

1992, nachdem bereits 10 000 Menschen getötet und 30 000 verletzt worden waren, traf eine Delegation der Vereinten

Nationen in Mogadischu ein. Doch General Aidid wollte nicht verhandeln. In der New Yorker Vollversammlung wurde eine erste Resolution verabschiedet. Sie appellierte an die Clans, den Konflikt zu beenden. Ein Waffenstillstandsabkommen wurde unterzeichnet und ein Embargo verhängt.

Die Kämpfe gingen weiter.

Weitere UN-Resolutionen und ein Aktionsplan folgten. Siad Barre mischte sich noch einmal ein, ließ Truppen eine Stadt nahe Mogadischu einnehmen und löste eine Massenflucht aus. Ali Mahdi Mohamed rief zur nationalen Mobilmachung auf. General Aidid startete eine Gegenoffensive. Siad Barre floh nach Kenia und ging ins Exil nach Nigeria.

Mindestens 500 000 Somalis flohen vor Krieg und Hunger.

Irgendwann löste sich die Starre, und der Schmerz brach durch.

Ich trauerte um meine Verwandten, die so qualvoll umgekommen waren, um die Frauen, die geraubt, vergewaltigt, von Feinden geschwängert und für den Rest ihres Lebens entehrt worden waren.

Und ich weinte um meinen Vater.

Die Vereinten Nationen entsandten Blauhelm-Truppen, um humanitäre Hilfslieferungen zu schützen. Die Medien berichteten, und weitere Hilfsprogramme liefen an. Eine Luftbrücke wurde eingerichtet, um die Bevölkerung zu versorgen.

Der Bürgerkrieg dauerte an.

Die Kämpfe behinderten die Verteilung der Lebensmittel. Pakistanische UN-Soldaten wurden von somalischen Warlords angegriffen. Die Vereinten Nationen heuerten einheimische Bewaffnete an, um ihre Konvois zu schützen. Nur etwa ein Viertel der Hilfstransporte erreichte ihr Ziel.

Die Menschen verhungerten.

Die USA boten an, 28 000 Soldaten unter UN-Kommando nach Somalia zu entsenden. Erstmals in der Geschichte der Vereinten Nationen legitimierte eine Resolution einen militärischen Einmarsch – um humanitäre Hilfe zu ermöglichen.

Am Tag des Einmarschs der UN-Truppen saß ich vor dem Fernsehapparat, sah Blauhelm-Soldaten am Strand von Mogadischu, geblendet vom Blitzlichtgewitter der Weltpresse. Die Männer schienen kaum zu sehen, wohin sie liefen.

Trotzdem hoffte ich, sie würden Frieden bringen.

Onkel Abdulkadir rief aus den Niederlanden an. Idil und Qamaan waren über Kenia in die USA gelangt, Saida hielt sich in Großbritannien auf, Ahmed war ihr, über einen Umweg durch Frankreich, gefolgt. Tante Madeleine hatte es nach Kanada verschlagen. «Ich wollte», sagte mein Onkel mit heiserer Stimme, «mein Land verteidigen. Ich wollte kämpfen gegen diese primitiven Dahergelaufenen.» Seine Kinder hatten ihn gezwungen zu fliehen.

Walter und ich schickten Geld. Mittlerweile trugen wir die Verantwortung für rund fünfzig Verwandte, die sich hatten retten können und mittellos, über den gesamten Globus verstreut, als Flüchtlinge lebten. Eine Situation, die uns an unsere Grenzen trieb, nicht nur an die finanziellen.

Und täglich klingelte das Telefon.

Meine Knochen schmerzten vom Rheuma, meine Gelenke schwollen wieder an. Die Sehnen gaben nach, die Mittelgelenke der Finger verrutschten. Meine rechte Hand erstarrte. Steif und schief wie ein Komma, ließ sie sich nicht mehr bewegen. Ich versuchte, meinen zappelnden Philip nur mit der Linken zu wickeln. Ich legte ein Tuch um meinen Hals und band es zu einer Schlinge, um meinen Sohn aus seinem Bett zu heben. Zwei Nachbarinnen halfen, ihn zu füttern. Der Orthopäde riet zu einer Operation, aber ich lehnte ab.

In Somalia gingen die Kämpfe weiter, und meine Hoffnung auf Frieden schwand. Immer mehr ausländische Truppen marschierten ein, doch weder die Militärs noch ihre Regierungen machten sich die Mühe, auf die gewachsenen Strukturen und Traditionen einzugehen. Blind stolperten die Soldaten und die, die sie schickten, in ein Land voll zerstrittener Clans, Waffen und Drogen, verfingen sich in einem Netz von Intrigen, Feindschaft und Hass. Die Lage eskalierte. Aidids Anhänger töteten UN-Soldaten, und UN-Truppen flogen Vergeltungsschläge. Washington schickte ein Kontingent von vierhundert Rangers unter eigenem Kommando, um General Aidid festzunehmen. Diplomaten und Vertreter von Hilfsorganisationen kritisierten das Vorgehen der UN-Truppen. Achtzig amerikanische Soldaten wurden verletzt, achtzehn getötet. Eine aufgebrachte Menschenmenge zog ihre Leichen durch den Staub der Straßen von Mogadischu. US-Präsident Clinton schwor Rache.

An manchen Tagen legte ich mich zu meinem Sohn, drückte ihn an mich, roch seinen feinen Babyduft. Er gab mir die Kraft, wieder aufzustehen.

Irgendwann brach ich dennoch über Philips Bett zusammen.

Drei Jahre später zogen die Blauhelm-Truppen ab. Ihnen folgten Reporter, Korrespondenten, Fotografen und Kameramänner. Das Gemetzel zwischen den verfeindeten Clans ging weiter, doch im Reigen der internationalen Katastrophen rückte Somalia in den Hintergrund.

Die Welt überließ das Land sich selbst.

Ich dankte meinem Schicksal, weit fort zu sein von den Gräueln. Doch die Angst um meine Angehörigen riss nie ab. Ich wehrte mich und verdrängte meine Furcht, doch durch die Hintertür marschierte sie immer wieder herein. Ich hatte noch immer eine Familie, einen Mann, der mich unterstützte, einen Sohn. Doch ich lebte in permanenter Unruhe. Schon wieder waren Monate vergangen, seit Khadija das letzte Mal geschrieben hatte. Lebte Jama noch? Ich hörte von Unruhen in der Nähe von Kismayo und rief im örtlichen Büro der Vereinten Nationen an – hatten die Hawiye etwa Mohamed in seinem Versteck entdeckt und ermordet?

Wie viele Tode musste ich noch aushalten?

Wie viele würde ich noch verkraften?

Ich schrieb E-Mails an meine Cousinen in den USA und in Großbritannien. Ich telefonierte mit meinen Nichten in Norwegen. Sie litten unter der Kälte, den Tagen ohne Licht und bekamen Depressionen. Ich besuchte Onkel Abdulkadir. Er reagierte empfindlich und wurde aggressiv, wenn ich fragte, ob er es wirklich nicht hatte kommen sehen. Er sprach ständig über die Vergangenheit. Eigentlich sprach er über nichts anderes. Er zimmerte sich eine Welt zurecht, die es nie gegeben hatte. Mein Onkel hatte alles verloren, Familie, Position, Vermögen. In seinem Haus in Mogadischu hausten Rebellen.

Er war ein gebrochener Mann.

Als Philip etwas älter war, ließ ich meine rechte Hand operieren. An vier Fingern setzten die Ärzte künstliche Gelenke ein. Es waren die kleinsten Gelenke, die je implantiert worden waren. Scharen von Ärzten zogen an meinem Bett vorbei, standen in Gruppen zusammen, fachsimpelten, studierten Röntgenbilder und gaben Einschätzungen und Beurteilungen ab. Niemand interessierte sich für mich. Alle betrachteten und besprachen nur meine Hand. Ich war «die Hand» und froh, dass man mich nicht am Po operiert hatte.

In einem Gespräch mit einem Internisten erfuhr ich, eher nebenbei, dass es sich bei meinem Rheuma um eine Form handelte, die durch eine Infektion oder ein Trauma hervorgerufen wurde. Ob die eitrige Entzündung nach der Beschneidung oder die Beschneidung selbst Auslöser der Krankheit gewesen war – da wollten sich die Ärzte nicht festlegen.

Die Fäden wurden gezogen, die Wunden heilten, und tatsächlich konnte ich meine Finger besser bewegen. Doch sie blieben krumm und würden es für immer bleiben. Nach all den Jahren fand ich mich damit ab.

Somalia blieb sich selbst überlassen, und die zerstrittenen Clans und ihre Milizen trieben das Land immer tiefer ins Desaster. Gewalt, Terror, Anarchie und Chaos bestimmten das Leben. Eine ganze Generation von Kindern wuchs im

Krieg auf, für sie war es die Normalität. Bevor sie lesen und schreiben konnten, beherrschten sie den Umgang mit Waffen, marodierten durch die Straßen und verdingten sich als Soldaten, bezahlt oft mit Drogen. Wer etwas haben wollte, nahm es sich. Ein Menschenleben zählte nichts, man schoss einen Mann nieder, weil man sein Hemd haben wollte oder einfach nur so aus Spaß. Halbwüchsige vergewaltigten Frauen, aus Spaß. Kinder verschwanden. Ihre Organe brachten im internationalen Handel viel Geld.

Es war ein Albtraum.

Die Welt verschloss die Augen.

Auch ich verschloss die Augen, denn es war mehr, als ich ertragen konnte. Die Angst fraß sich in mir fest. Sie höhlte mich aus, machte mir Kopfschmerzen, nahm mir die Kraft. Wie sollte ich all das meinem Kind erklären? Lange hatte ich gehofft, eines Tages nach Somalia zurückkehren zu können. Ich wollte meinen Sohn meiner Familie vorstellen. Philip sollte sehen, wo seine Mutter aufgewachsen war, sollte sein anderes Zuhause und seine afrikanischen Wurzeln kennen lernen. Irgendwann musste ich mir eingestehen, dass der Weg abgeschnitten war. Ich war eine Marehan. Man würde mich töten, sobald ich einen Fuß auf somalischen Boden setzte.

Das Land, in dem ich geboren wurde, hörte auf zu existieren. Somalia hatte keine legitime Regierung mehr, es unterhielt keine Vertretungen im Ausland. Es gab also keine somalische Botschaft mehr, bei der ich meinen Pass hätte verlängern lassen können. Nach fünfzehn Jahren in Deutschland lief ich Gefahr, eine Illegale zu werden. Ich beschloss, die deutsche Staatsbürgerschaft zu beantragen.

Ich suchte die nötigen Papiere zusammen und machte mich auf den Weg. Fünfzehn Jahre nach unserer Heirat, mit einem gemeinsamen Kind, rechnete ich nicht damit, dass uns die Behörden noch eine Scheinehe unterstellen würden. Im Ausländeramt klopfte ich an die Tür meines Sachbearbeiters. «Gar kein Problem», sagte der Mann, als ich mein Anliegen schilderte. Er brauche nur noch verschiedene Papiere, außerdem müsse mein Mann seine deutsche Abstammung seit 1880 nachweisen. Der Beamte lächelte. Auf seinem Schreibtisch stand ein blaues Usambaraveilchen.

«Ich werde keine Geburtsurkunden meiner Eltern vorlegen können.»

«Nein?»

«Nein. Abgesehen davon, dass Nomaden selten zum Einwohnermeldeamt laufen, wenn ein Kind geboren wird, herrscht in Somalia Krieg. Amtliche Unterlagen existieren nicht mehr, denn die Ämter existieren nicht mehr. Mogadischu ist ein Schlachtfeld.»

«Das tut mir Leid», sagte der Mann. Er lächelte noch immer.

«Was kann ich also tun?»

«Nichts», sagte der Mann. «Ohne Unterlagen keine Einbürgerung. So sind die Gesetze.»

Zuerst bekam ich einen Wutanfall. Dann verfiel ich in Starre. Keine Urkunden, keine Papiere – keine Papiere, keine Existenz. Ein lächelnder bayerischer Beamter löschte meine Existenz aus, um sich anschließend ungestört seinem Usambaraveilchen zu widmen. Ich besorgte ein polizeiliches Führungszeugnis, sämtliche Steuererklärungen, einen lückenlosen Sozialversicherungsnachweis und Meldebescheinigungen, die belegten, dass ich in den vergangenen fünfzehn Jahren keinen Tag außerhalb Deutschlands gewohnt hatte. Der Beamte nahm die Unterlagen lächelnd entgegen. Ein paar Tage später stellte sich heraus, dass ich, als ich bei Waris und Detlef in Augsburg gelebt hatte, sechs Wochen nicht krankenversichert gewesen war.

«Tut mir Leid», sagte der Beamte.

«Was kann ich tun?»

«Wir müssen das überprüfen. Warten Sie, bis wir uns melden.»

Ich wartete. Rief an, ging hin, fragte nach. Die Krankenversicherungsunterlagen wurden sehr gründlich geprüft. Man entdeckte, dass ein anderes ausgesprochen wichtiges Papier fehlte. Ich brachte es bei. Plötzlich erwies sich eine der Urkunden als verjährt. Ich besorgte eine neue Abschrift.

«Was kann ich tun?»

«Warten Sie, bis wir uns melden.»

«Mein Pass läuft ab. In wenigen Wochen halte ich mich illegal in Deutschland auf, wenn mein Antrag bis dahin nicht bearbeitet ist. Sie müssen mir helfen.»

«Tut mir Leid.» Der Beamte lächelte.

Lodernd vor Wut fuhr ich nach Hause. Der Beamte kannte mich, seit ich in München lebte. Noch immer behandelte er mich wie eine niederträchtige Kriminelle, die sich erschleichen wollte, was ihr nicht zustand. Ich schilderte den Fall einem Kollegen meines Mannes, einem Juristen. «Das ist nicht ungewöhnlich», sagte er. «Die Behörden spielen auf Zeit. Man lässt Unterlagen verjähren, Fristen

231

verstreichen, am Ende vergehen Jahre bis zu einer Entscheidung.» Fortan ließ ich jedes Dokument mit einem Eingangsstempel versehen und bestand darauf, dass man mir eine Kopie aushändigte. Doch die Zeit drängte.

Kurz vor Ablauf der Frist bekam ich Post. Der Beamte hatte, innerhalb seines persönlichen Ermessensspielraums, meinen Antrag auf Einbürgerung abgelehnt. Er war nicht gezwungen, dies zu begründen.

Das Land, in dem ich schon so lange lebte, wies mich ab. Der Boden unter meinen Füßen schwankte, ich wusste nicht, was ich tun sollte. Zufällig erfuhr ein Redakteur der Süddeutschen Zeitung davon. Fälle wie meiner häuften sich seit längerem. Der Mann begann zu recherchieren.

Fünf Tage später bekam ich wieder Post.

Mein Einbürgerungsantrag war bewilligt worden.

Seit einer Weile arbeitete ich ehrenamtlich als Dolmetscherin für Flüchtlingsorganisationen. Ich begleitete somalische Flüchtlinge zu Anhörungen bei Gericht und fuhr zum Flughafen, wenn Grenzbeamte Landsleute festhielten, die keine Papiere hatten, oder wenn abgelehnte Asylbewerber abgeschoben wurden. Die Arbeit war anstrengend und oft frustrierend, doch sie gab mir das Gefühl, etwas Sinnvolles zu tun. Sie half mir aus der Ohnmacht heraus. Ich bekam ein Angebot, mich fortzubilden.

Fast alle Seminarteilnehmerinnen waren Frauen, fast alle arbeiteten seit Jahren als Dolmetscherin. Viele kamen aus arabischen Ländern, aus Osteuropa, einige aus Afrika. Ein Psychiater leitete die Gruppe. Er erklärte mir das Konzept der Ethnomedizin. Da Deutschland, wenn nicht im offiziellen Sprachgebrauch, so doch faktisch, ein Einwanderungsland war, tauchten auch in Arztpraxen und Krankenhäusern immer mehr Migranten als Patienten auf. Und dann gab es fast immer Verständigungsschwierigkeiten, nicht allein wegen mangelnder Sprachkenntnisse, sondern vor allem, weil die Vorstellungen von Gesundheit, Krankheit und Therapie sich in den verschiedenen Kulturen so sehr unterschieden. Ein deutscher Arzt war ratlos, wenn sein Patient seine Symptome beschrieb, indem er sagte: «Ich habe einen roten Schmerz» oder «Mein Körper ist ein Wüstensturm». Oder eine Patientin begriff nicht, warum sie einen Einlauf über sich ergehen lassen musste, durchgeführt womöglich noch von einem Mann. Verschiedene Mediziner hatten sich daher zusammengetan, um einen Kreis entsprechend geschulter Dolmetscher aufzubauen. Sie hatten erkannt, dass es nicht zuletzt viel Geld sparte, wenn die Kommunikation zwischen Arzt und Patient klappte.

Es war, als löste sich ein Knoten in mir. Bald arbeitete ich mit niedergelassenen Ärzten zusammen, die somalische Patienten behandelten. «Mein Körper brennt, Herr Doktor», klagte eine junge Frau. Der Arzt vermutete, sie habe Ausschlag, und bat sie, sich frei zu machen. Die Frau war schockiert.

«Mein Herz ist heiß», sagte eine andere. Sie hatte Unterleibsbeschwerden, aber keine Somalierin spricht über diesen Teil ihres Körpers. Stattdessen beschreiben die Frauen Herzschmerzen, Rückenschmerzen, Magenschmerzen.

«Mein Zentrum kribbelt.» Im Gespräch fand ich heraus, dass die Patientin unter Gebärmutterkrämpfen litt.

Ich begann, Vorträge vor Krankenhausärzten zu halten,

denen oft nicht einmal die ethnomedizinischen Minimal-standards bekannt waren. Ich bat sie, ihre Fragen so zu formulieren, dass sie für die Patienten nicht peinlich wurden. Ich beschrieb, wie wichtig es war, sich Zeit zu nehmen, sodass vor allem Frauen Vertrauen entwickeln konnten. Ich wies Ärzte zurecht, die eine Somalierin, die unter Tränen erklärt hatte, sie sei beschmutzt worden, zwangen, Einzelheiten ihrer Vergewaltigung zu schildern.

Der allgemeine Mangel an Sensibilität empörte mich. Ich klärte die Patientinnen auf, dass sie das Recht hatten, sich von einer Ärztin untersuchen zu lassen. Ich stritt mit dem Bundesamt für die Anerkennung ausländischer Flüchtlinge. Ich bestand auf einem männlichen Dolmetscher, um nicht als Frau die Aussagen eines Somaliers übersetzen zu müssen, der mehrfach vergewaltigt worden war und den die Scham darüber, diese Erniedrigungen auch noch einer Frau schildern zu müssen, beinahe zerriss. Das Amt bestellte mich nicht mehr. Ich flog aus Praxen, Kliniken, Anwaltskanzleien. Doch ich nahm kein Blatt vor den Mund. Es war eine tiefe Wut, die sich Bahn brach. Und ich erkannte, dass kaum jemand in Deutschland etwas über die Beschneidung von Frauen wusste.

In dieser Zeit las ich das Buch «Wüstenblume» von Waris Dirie. Waris Dirie war ebenso wie ich in Somalia geboren und als Mädchen beschnitten worden. Als ihr Vater sie verheiraten wollte, floh sie nach Mogadischu, kam später nach London, wurde entdeckt und lebt heute als erfolgreiches Model in New York. Im Interview mit einer amerikanischen Journalistin hatte sie ihre Geschichte erzählt. Zum ersten Mal sprach eine Frau vor aller Welt über ihre Beschneidung. Der Artikel erregte Aufsehen; dass ein so grausames Ritual so weit verbreitet war, hatte man in den westlichen Industrienationen nicht geahnt. Dem Zeitungsartikel folgten Fernsehinterviews, Vorträge, Waris Dirie wurde Botschafterin der Vereinten Nationen im Kampf gegen die Beschneidung von Frauen und Mädchen.

Ich verschlang ihr Buch. Es erschütterte mich, freute mich und ließ mich nicht schlafen. Wenn Waris Dirie ihren Schmerz beschrieb, spürte ich meinen eigenen, wenn sie schrie, schrie ich auch, ich sah mich an ihrer Stelle, durchlebte Situationen, die Jahrzehnte zurücklagen. Das Buch bewegte mich, wie mich noch nie ein Buch bewegt hatte.

Plötzlich sprach man auch in Deutschland über Beschneidung. Freundinnen fragten mich, zaghaft erst, dann offener. Ich redete mit Bekannten, Nachbarinnen, tauschte mich mit Waris in Augsburg aus. Es war, als bräche ein Damm. Und doch ärgerte es mich, dass alle Welt von Verstümmelung sprach. Ja, ich war beschädigt worden – doch verstümmelt war, wem eine Granate Arme und Beine abgerissen hatte. Ich wollte mich nicht auf eine Behinderung reduzieren lassen, denn ich war trotz allem eine Frau. In jahrelangen Anstrengungen war es mir sogar gelungen, ein freundschaftliches Verhältnis zu meinem Körper zu entwickeln und Sexualität zu genießen.

Eines Abends wanderte ich mit der Fernbedienung durch die Programme. Plötzlich schrie ein Kind, es schrie auf Somali: *Mama, hilf mir!* Ich erstarrte. Es war, als käme dieser Schrei aus mir selbst, als riefe meine eigene Stimme. Das waren damals meine Worte gewesen. Unwillkürlich presste ich die Beine zusammen. Das Mädchen schrie und schrie, ich starrte auf den Bildschirm, doch ich sah nichts, meine Augen waren so blind, als hätte mir jemand Rauch ins Gesicht geblasen. Doch weil die Augen nicht sahen, hörten die Ohren umso schärfer.

Irgendwann schälten sich Bilder aus dem Nebel. Der Fernsehsender zeigte eine Beschneidung. Ich roch Blut. Erde. Sah knochige Finger, eine Lichtung.

Ein Quietschen.

Dann schwenkte die Kamera auf eine Gruppe von Studiogästen. Sie begannen, über die Genitalverstümmelung von Frauen zu diskutieren. Der Moderator forderte die Zuschauer auf, sich zu beteiligen. Eine Telefonnummer wurde eingeblendet. Wie hypnotisiert notierte ich die Zahlen. In meinen Ohren hallten die Schreie des Mädchens wider. Einer der Studiogäste erklärte, Genitalverstümmelung sei gängige Praxis in vielen afrikanischen Ländern. Jedes Mal, wenn er Genitalverstümmelung sagte, zuckte ich zusammen. Ich hätte ihn schlagen mögen! Erste Zuschauer riefen an. Einige weinten, viele waren entsetzt. Einige beschwerten sich, dass man ihnen so etwas Abscheuliches als Abendunterhaltung präsentierte. Ich brannte, tobte und tippte die Nummer ins Telefon, ein Freizeichen ertönte, eine Stimme. Die Worte schossen aus meinem Mund, ich war unfähig zu denken. Wut und Scham und Trauer brachen hervor: Wie konnte man so respektlos über dieses Thema berichten, wie konnte man voyeuristisch und effektheischend ein kleines Mädchen in höchster Verzweiflung und Qual einem Millionenpublikum preisgeben, konnte sich denn gar niemand vorstellen, wie es sich fühlte?

Plötzlich wurde mir bewusst, was ich tat und wie lange ich schon redete. Ich unterbrach mich und wollte auflegen. «Warten Sie», rief eine Frau, die einzige unter den Studiogästen. «Bitte hinterlassen Sie Ihre Telefonnummer. Ich möchte Sie anrufen.» Ich hinterließ meine Nummer.

Die Frau rief tatsächlich an. Sie stellte sich als Christa Müller vor, die Frau Oskar Lafontaines und Gründerin von (I)NTACT, einem gemeinnützigen Verein gegen die Beschneidung von Frauen und Mädchen. Wir sprachen zwei Stunden. Sie sagte, sie finde mich mutig, ich solle nicht aufgeben, solle mich engagieren, kämpfen, so wie Waris Dirie, und wenn ich Hilfe brauchte, stehe sie zur Verfügung.

Euphorisch las ich Bücher über die Beschneidung von Mädchen, Aufsätze und Internetseiten. Ich schrieb Christa Müller lange Briefe und bekam päckchenweise Informationsmaterial zugesandt. Doch irgendwann wollte ich keine Broschüren mehr, auch keine Spendengelder. Ich wollte mich engagieren und wirklich etwas tun, nur wusste ich nicht, wie oder wo. Meine Euphorie lief ins Leere.

Monate später saß ich wieder vor dem Fernsehapparat. Die Kamera folgte einer Frau; schon an ihrem Gang, ihrer Art, die Hände schwingen zu lassen, erkannte ich, dass sie eine Somali war. Sie hieß Asili Barre-Dirie und war zweite Vorsitzende eines Vereins, der gegen die Beschneidung von Mädchen kämpfte. Ich wollte sie kennen lernen, unbedingt. Tagelang recherchierten Walter und ich nach Forward e.V. Schließlich fanden wir eine Telefonnummer. Es meldete sich ein Anrufbeantworter.

Wieder hatte ich das Gefühl, ins Leere zu laufen.

Am Abend rief Tobe Levin an.

1981 haben afrikanische und britische Frauen in London den Verein «Forward» gegründet. Forward steht für *Foundation for Women's Health, Research and Development*. Neun Jahre später entstand eine Dependance in den USA, weitere acht Jahre später, 1998, eine in Frankfurt am Main. Im darauf folgenden Jahr nahm Forward-Nigeria die Arbeit auf.

Zweck und Ziel des Vereins ist der Kampf gegen die Beschneidung von Frauen. Dazu werden weltweit Netzwerke, Institutionen und Kooperationen unterhalten. Forward klärt auf und betreut betroffene Frauen.

Erste Vorsitzende von Forward-Germany ist Dr. Tobe Levin Freifrau von Gleichen, zweite Vorsitzende Dr. med. vet. Asili Barre-Dirie. Schirmherrin ist die Publizistin und Frauenrechtlerin Alice Schwarzer.

Tobe Levin besuchte mich, als sie in der Woche darauf nach München kam. Die geborene Amerikanerin schien vor Elan zu bersten, und sie kam schnell auf den Punkt. «Ich habe Ihnen den Katalog unserer Wanderausstellung mitgebracht. Im kommenden Winter sollen die Bilder in München zu sehen sein. Vielleicht können Sie eine Zusammenarbeit mit dem Gesundheitsreferat initiieren und ein bisschen Öffentlichkeitsarbeit machen.»

Endlich hatte ich etwas zu tun!

Ich rannte den Zuständigen die Türen ein, erklärte, warum eine Ausstellung zur Beschneidung von Frauen wichtig war, wie viele Afrikanerinnen auch in Deutschland betroffen seien, welche Spätfolgen auftraten, wie wichtig Aufklärung war, um zumindest die Kinder, die hier aufwuchsen, zu schützen. Ich insistierte, es sei unerlässlich, dass offizielle deutsche Stellen sich beteiligten, es war höchste Zeit, das Thema von seinem Tabu zu befreien. Ich nutzte meine Kontakte zu Flüchtlingsorganisationen und verbreitete mein Anliegen über ihre Verteiler. Ich wandte mich an den Bayerischen Rundfunk und an Frauenzeitschriften. Ich gab zum ersten Mal in meinem Leben Interviews, doch ich tat es mit ungeheurer Selbstverständlichkeit, denn ich war von der Notwendigkeit meiner Arbeit zutiefst überzeugt. Eine Fachzeitschrift bat mich, einen Artikel zu schreiben. Amnesty International lud mich ein, einen Vortrag zu halten.

Als ich den Saal betrat, zitterte ich. Meine Hände und Füße waren eiskalt. Ein kleiner rothaariger Mann mit sommersprossigem Gesicht begrüßte mich und wies mir meinen Platz zu. Tische und Stühle waren zu einem Hufeisen arrangiert; die Referenten saßen an der Stirnseite. Erleichtert, dass es kein Podium gab, setzte ich mich. Vor mir stand ein Schild, darauf mein Name. Steif saß ich da, sah, wie der Raum sich füllte. Und ich brachte kein Wort heraus.

Der rothaarige Mann eröffnete die Veranstaltung und stellte die erste Referentin vor. Ihr Vortrag rauschte an mir vorbei. Ich war sicher, mich auf der Stelle übergeben zu müssen. Walter, der neben mir saß, hielt meine Hand. Die Gäste klatschten. Der rothaarige Mann erhob sich und kündigte mich an. Alle Gesichter wandten sich mir zu.

«Guten Tag», sagte ich und räusperte mich. «Mein Name ist Fadumo Korn.» Ein Mann meldete sich, bat, ich möge lauter sprechen. Ich hustete und holte Luft, zählte innerlich bis drei. «Mein Name ist Fadumo Korn», sagte ich. «Ich möchte Ihnen von dem Glück erzählen, eine Afrikanerin zu sein. Wahrscheinlich werden Sie sich wundern, denn bei einer Veranstaltung zu Menschenrechten und Genitalverstümmelung erwarten Sie wohl kaum Glücksbekundungen.» Ich sprach schnell und ohne aufzusehen.

«Es stimmt, auch ich bin beschnitten worden. Ich war acht Jahre alt, als meine Eltern die Beschneiderin bestellten. Die Frau war alt und fast blind, und was an diesem Morgen auf der Lichtung geschah, werde ich niemals vergessen. Doch ich hatte das Glück, schwer zu erkranken. Die Wunde entzündete sich, ich bekam hohes Fieber und fiel ins Koma. Meine Familie fürchtete, ich würde sterben. Denn immer wieder sterben Mädchen an den Folgen ihrer Beschneidung, das ist nicht ungewöhnlich. Man sagt dann, Allah habe das Kind zu sich geholt.

Doch Allah ließ mich leben. Ich erholte mich. Aber ich war nicht mehr dieselbe. Ich war ein neugieriges, unbändiges, manchmal eigensinniges Mädchen gewesen. Nun zog ich mich zurück, wurde still und träumte vom Tod. Ich war unendlich traurig und verstand gar nicht, warum. Meine Gelenke schwollen, meine Zehen und Finger verformten sich. Ich hatte nie Hunger und war spindeldürr. Mein Vater brachte mich zu Verwandten nach Mogadischu. Es vergingen Jahre, bis ein Arzt Rheuma diagnostizierte. Meine Familie schickte mich zur Therapie nach Deutschland.

Ich hatte wieder Glück, denn ich kam in ein Land, in dem es gute Ärzte und Kliniken gab. Ich wurde behandelt und operiert. Meine Beschwerden wurden gelindert; heilen kann man sie nicht. Ich werde den Rest meines Lebens unter Rheuma leiden. Ich habe mich damit arrangiert. Trotz meiner Behinderung führe ich ein glückliches Leben. Ich habe meinen Mann kennen gelernt. Ich habe einen einfühlsamen Arzt gefunden, der mich geöffnet hat. Beide haben mich darin unterstützt, eine Frau zu werden, die ihren Körper mag und ihre Sexualität genießen kann. Dafür bin ich dankbar, und ich möchte dieses Glück teilen. Ich möchte Frauen, die das gleiche Schicksal durchlitten haben, Vorbild und Stütze sein. Und ich möchte verhindern, dass jeden Tag aufs Neue Mädchen Opfer dieses grausamen Rituals werden. Wenn ich nur ein Mädchen davor bewahren kann, hat sich die Mühe schon gelohnt. Sehen Sie …» Zum ersten Mal sah ich mich im Saal um und nahm Gesichter wahr, «sehen Sie, das ist das Glück, eine Afrikanerin zu sein. Ich danke Ihnen.»

Einen Moment herrschte Stille. Ein paar Gäste begannen zu klatschen. Andere fielen ein. Der Applaus wurde lauter, es war, als löse sich eine Spannung. Der rothaarige Mann erhob sich, kam auf mich zu, reichte mir die Hand. Er gratulierte. Erschöpft und glücklich bedankte ich mich.

Anfang Januar wurde die Ausstellung eröffnet. Vierhundert Gäste waren zur Vernissage in den Räumen des Gesundheitsreferates gekommen. Vertreterinnen eines Vereins, der sich ebenfalls gegen Beschneidung von Frauen engagierte, hängten Plakate im Foyer auf. Mehrere Frauen liefen mit Spendendosen umher, baten die Anwesenden um Unterstützung. Andere gaben Reportern Interviews. Beinahe sah es aus, als seien sie die Organisatorinnen der Veranstaltung. Von Asili Barre-Dirie, der zweiten Vorsitzenden von Forward-Germany, und von mir nahm kaum jemand Notiz.

Ein Vertreter des Gesundheitsreferates hielt die Eröffnungsansprache, dann leitete er über zu einer Diskussion mit verschiedenen Experten. Jene Frauen meldeten sich zu Wort. Sie schimpften über den grausamen Ritus der Genitalverstümmelung, ergingen sich in blutigen Details, dozierten über unterentwickelte Kulturen, über brutale Gebräuche, mangelnde Bildung und prangerten an. Erst war es mir peinlich, denn diese Frauen sprachen auch über mich, und was sie sagten, beschämte mich. Dann wurde ich wütend und meldete mich zu Wort. «Sie haben vollkommen Recht, verehrte Mitstreiterinnen. Die Beschneidung von Mädchen ist grausam, und es gilt, dagegen zu kämpfen. Grausam ist es jedoch auch, wenn Sie, Europäerinnen, die Sie sind, sich über die Menschen in Afrika erheben und sie alle zu dummen Marionetten einer archaischen Kultur erklären. Sie wissen nicht, was Beschneidung bedeutet, und das ist Ihr Glück. Sie wissen aber auch nicht, wie es ist, wenn eine Horde von Gutmenschen daherkommt und über einen redet, als sei man ein Objekt, um das es sich zu kümmern gilt. Machen Sie sich nicht zu Fürsprechern von Menschen, über die Sie nicht wirklich etwas wissen. Halten Sie, wenn ich es so direkt sagen darf, besser den Mund.»

Ich machte mir Freunde und Feinde an diesem Abend. Ich lernte, dass man laut trommeln muss, wenn man wahrgenommen werden will. Und ich wusste, dass ich bei Forward ein Zuhause gefunden hatte.

Die Satzung sieht vor, dass zwei Drittel der Vorstandsmitglieder bei Forward-Germany afrikanischer Abstammung sein müssen. Den Frauen und Männern des Vereins geht es um interkulturelle Verständigung. Sie alle bekennen sich zu einer antirassistischen Grundhaltung.

Gespräche über einen tief in Tradition und Kultur verwurzelten Ritus setzen Vertrauen voraus. Asili Barre-Dirie fliegt regelmäßig nach Somalia. Die Frauen, die sie besucht, kennen sie. Sie respektieren sie, denn Asili Barre-Dirie ist eine gestandene Frau. Und Asili Barre-Dirie respektiert die Frauen. Darum hören sie ihr zu. Darum gehen sie ein auf Vorschläge, die ihr bisheriges Leben infrage stellen.

Forward hilft auch praktisch. In Shilabo im Ogaden betreibt der Verein das Projekt «Hühnerfarm». Die Frauen des Dorfes bekommen Hühner. Die Eier, die sie legen, dienen dem Lebensunterhalt der Familie. Die Männer lehnen sich nur zu gern zurück und geben auch diese Verantwortung ab. Doch die Frauen profitieren davon. Sie betreiben Tauschgeschäfte und beginnen zu handeln. Sie gewinnen immer mehr Unabhängigkeit.

Forward unterhält Schulen für Mädchen, finanziert ihnen Schulbücher, Schuluniformen und regelmäßige ärztliche Untersuchungen. Der Verein unterstützt die Familien, damit sie ihre Töchter statt zum Ziegenhüten zur Schule schicken. Vor allem die Mütter sind stolz auf ihre Töchter. Bedingung für den Schulbesuch ist allerdings, dass die Mädchen nicht beschnitten werden.

Es ist eine Gratwanderung. Die Eltern empfinden es keinesfalls als Fortschritt, wenn ihre Töchter nicht beschnitten werden. Aber sie empfinden es als Fortschritt, dass sie eine Ausbildung bekommen und eine Zukunft haben.

Mir lag nicht daran, zu schockieren oder zu verurteilen. Ich wollte Menschen gewinnen und sie überzeugen, sich mit mir für ein gemeinsames Ziel zu engagieren. Doch oft geriet ich in Situationen, in denen ich heftig reagierte.

An einem Montagmorgen um acht Uhr stand ich der Ärzteschaft einer Münchner Frauenklinik gegenüber. Immer wieder hatte ich gehört, dass beschnittene Frauen nach der Geburt ihrer Kinder wieder zugenäht wurden. Drastisch beschrieb ich deshalb, wie ich zehn Jahre die Hälfte jedes Monats unter Krämpfen gelitten hatte. Dass ich mich während jeder Menstruation mindestens drei Tage lang regelmäßig übergeben hatte. Dass das Blut nur tröpfchenweise durch die winzige Öffnung abgelaufen war, Blutpfropfen sie immer wieder verstopft hatten, mein Bauch aufgequollen war wie ein Ballon. «Können Sie sich vorstellen, dass es eine Befreiung ist, wenn eine Frau nach Deutschland kommt und auf einen Arzt trifft, der sie öffnet?» Ich blickte in verschlossene Gesichter.

«Können Sie sich diese ungeheure Erleichterung vorstellen?»

Niemand sagte etwas.

«Doch dann», fuhr ich fort, «kann es geschehen, dass die Frau ein Kind bekommt und der Arzt sie nach der Geburt wieder zunäht.»

Schweigen.

«Mediziner handeln gegen die Interessen ihrer Patientinnen, nur weil auf dem Flur ein Ehemann steht, der sagt: ‹Machen Sie sie bitte wieder zu.›»

Schweigen. Einige sahen zum Fenster hinaus.

«Es soll solche Fälle geben, auch hier in München. Darum möchte ich an Sie appellieren: Sollte dieser Wunsch an Sie herangetragen werden, weisen Sie ihn zurück. Tun Sie es im Interesse der Frauen, sie haben genug gelitten. Erklären Sie den Männern, dass so etwas in Deutschland verboten ist.»

«Ich werde mich nicht in die privaten Angelegenheiten fremder Leute einmischen», sagte ein Arzt. Sein Blick war fest.

«Ich werde doch keine Familie zerstören», sagte ein anderer.

«Können Sie nicht nähen, was medizinisch notwendig ist», fragte ich, «und der Frau ein weiteres Martyrium ersparen?»

«Wenn ich es nicht mache, macht es jemand anders», antwortete der Mann. Ich schluckte.

«Was schlagen Sie vor?», fragte ein sehr junger Arzt. «Immerhin handelt es sich um eine Tradition. Man kann die Menschen nicht vor den Kopf stoßen.»

«Es gibt Vereine, die sich gegen die Beschneidung von Frauen wenden. Sie bieten Fortbildungen für Ärzte an. Ich bin Ihnen gern behilflich, ein Seminar für Sie und Ihre Kollegen zu organisieren.»

Eine Ärztin stand auf und machte Anstalten zu gehen. «Während einer Geburt muss ich schnelle Entscheidungen treffen», sagte sie und knöpfte ihren Kittel zu. «Da habe ich keine Zeit, lange abzuwägen.»

«Aber …», sagte ich und bemühte mich, meine Stimme ruhig und freundlich klingen zu lassen. «Sie haben einen Eid geleistet, und dieser Eid verpflichtet Sie, zum Wohle Ihrer Patienten zu handeln. Sie sind nicht verpflichtet, Wünschen Dritter nachzukommen.» Die Ärztin verließ den Raum, ein paar Kollegen folgten ihr.

Immer wieder hörte ich von afrikanischen Familien, die in den Sommerferien mit ihren Töchtern nach Ägypten oder Kenia flogen. Dort, im Urlaub, wurden die Mädchen dann beschnitten. Ich hielt Vorträge an Schulen und bat Lehrer, auf ihre Schülerinnen zu achten. Ich versuchte Kinderärzte zu sensibilisieren, bat sie, sich bei Verdacht mit Forward, mit (I)NTACT oder mit Terre des Femmes in Verbindung zu setzen. Vielleicht konnten wir einige Eltern überzeugen.

Zuweilen kursierten Gerüchte, sogar in Deutschland werde beschnitten. Ich hatte keine Beweise dafür. Und doch leben zu viele Menschen in diesem Land, die der Tradition verbunden sind und die aufgrund ihres Aufenthaltsstatus Deutschland nicht verlassen können, als dass ich die Vermutung unwahrscheinlich fand. Manchmal hatte ich schon den einen oder anderen Verdacht gehabt, aber es war schwierig, fast unmöglich, ihn zu erhärten. Hätte ich es den Eltern ins Gesicht gesagt – sie hätten mir die Tür vor der Nase zugeschlagen, ich hätte ihre Tochter nie wieder gesehen. Solche Situationen wühlten mich auf. Es drängte mich, den Eltern zu drohen. Ich wollte sie wissen lassen, dass ich wusste, was sie vorhatten, und dass ich jederzeit zur Polizei gehen und sie vor Gericht bringen konnte.

Dann würde das Kind den Eltern entzogen.

Wäre ihm damit geholfen?

Mein Name sprach sich herum. Manchmal landeten Flüchtlinge auf dem Münchner Flughafen und verlangten nach mir. Diese Bekanntheit überraschte mich, aber sie half mir auch.

Die afrikanischen Flüchtlinge, die ich in Deutschland betreute, hatten viele Probleme; die Folgen einer Beschneidung waren eines unter vielen. Ich nahm mir Zeit, lernte die Menschen kennen, brachte Geschenke mit, wenn ich sie besuchte, Kleider, CDs, ein Radio, so, wie es in Afrika Tradition war. Ich suchte ihr Vertrauen. Dabei half unendlich, dass ich ihre Sprache sprach und die gleiche Hautfarbe hatte. Unter lauter Fremden war ich eine von ihnen, eine Schwester.

Mit der Zeit wurden die Gespräche privater. Frauen erzählten von ihrer Hochzeitsnacht und von ihren Geburten. Kichernd sprachen wir stundenlang über Beschneidung, ohne das Wort ein einziges Mal zu erwähnen. Sie baten mich um Hilfe, wenn sie Schmerzen hatten. Ich begleitete sie zu Ärztinnen, die, meist ehrenamtlich, mit Forward zusammenarbeiteten. Für fünfzehn Euro konnten wir Frauen eine Operation ermöglichen, in der sie geöffnet wurden. Andere wurden behandelt, weil sie sich selbst geöffnet und dabei verletzt hatten.

Immer wieder versicherte ich den verängstigten Frauen, dass eine Untersuchung keine Schande war. Ich erklärte die deutschen Gesetze, die sie und ihre Kinder schützten. Ich versuchte zu vermitteln, dass die Beschneidung etwas war, wogegen wir kämpfen mussten; ich versuchte, es so zu tun, dass keine Frau das Gefühl bekam, dass ich mich über etwas, was sie erlitten und später ihren Töchtern angetan hatten, hinwegsetzte. Es war eine Tradition, die es abzuschaffen galt, dennoch fand ich, die Menschen hatten ein Recht darauf, dass ich ihren Gehorsam gegenüber kulturellen Riten auch respektierte. Ich wollte Frauen wie Männern die

Chance geben zu begreifen, dass sie ihren Töchtern schadeten, wenn sie sie beschneiden ließen. Auch ich hatte lange gebraucht, trotz all meiner Schmerzen, bis ich mich nicht mehr als rein in einem Land von Unreinen, als ein von Gott erwähltes Kind fühlte.

Meine Mutter hatte mich dem Schmerz ausgesetzt. Sie hatte es getan, weil sie keine Wahl hatte. Ich habe ihr nie einen Vorwurf gemacht. Meine Liebe zu ihr hatte es nie beeinflusst. All meine Wut, meine Verzweiflung, meine Scham, meine Verletztheit und meinen Hass richtete ich gegen die Beschneiderin. Es war mir wichtig, meine Mutter nicht verantwortlich zu machen. Das wäre eine Todsünde gewesen.

Die schärfsten Angriffe gegen meine Arbeit kamen von Männern. Nachdem sich herumgesprochen hatte, dass ich mich für Flüchtlinge einsetzte, kamen viele Somalis zu meinen Vorträgen. Sie kannten nur meinen Namen. Sobald sie mitbekamen, dass ich über Beschneidung sprach, verließen sie den Saal. Man warf mir Verrat und Gotteslästerung vor.

«Nirgendwo im Koran steht, man solle Kinder beschneiden», antwortete ich. «Ist es nicht vielmehr Gotteslästerung, wenn ich Hand anlege an Allahs Werk? Bedeutet das nicht, dass ich unzufrieden bin, dass ich mich über seine Schöpfung erhebe?» Die Männer schwiegen, manche etwas beschämt.

Man lud mich nicht mehr zu den Festen der somalischen Gemeinde ein. Man beleidigte mich am Telefon und versuchte mich einzuschüchtern. Ich fand zwei, später drei einflussreiche somalische Unterstützer, Männer, die gesehen hatten, wie viel Leid Beschneidungen brachten. Eines

Tages bat ich sie, unsere Münchner Landsleute zusammen-
zurufen. Als ich den Raum betrat, ging ein Raunen durch
die Menge. Mindestens sechzig Männer waren gekommen.
Als einzige Frau stand ich ihnen gegenüber. Ich sagte, dass
ich nichts von ihnen wolle, doch möglicherweise wollten
sie etwas von mir. Ich bot ihnen an, ihr Sprachrohr zu sein.
Ich kannte mich immerhin aus und verfügte über nützliche
Kontakte. «Wer immer meine Hilfe in Anspruch nehmen
möchte, kann das tun. Ich stehe zur Verfügung.» Bislang
hatten alle schweigend zugehört. «Und bitte», fuhr ich fort,
«beendet das Gerede über mich. Ich weiß, dass ich in eu-
ren Augen gegen Traditionen verstoße. Doch ich bin jetzt
eine deutsche Frau, und die Gesetze dieses Landes schützen
mich und meine Arbeit.»

Ich bedankte mich und ging.

Später berichteten meine Unterstützer von der Diskussion, die ich ausgelöst hatte. Sie ist keine schlechte Frau,
hatten einige gesagt. Sie ist eine Daarood, sagten andere.
Schlimmer!, riefen wieder andere, sie ist eine Marehan, sie
gehörte der alten Regierung an! Sie war sechzehn, als sie
Somalia verließ, gaben meine Unterstützer zu bedenken.
Egal, widersprachen meine Ankläger. Sie ist eine Spionin,
sie kollaboriert mit der deutschen Regierung. Sie verrät unser Volk!

Meine Unterstützer vermittelten, schlichteten, nahmen
mich in Schutz. Ich ließ mich nicht einschüchtern. Ich arbeitete weiter.

Es ist ein Trauma, ein lebenslanger Schmerz.

Man kann lernen, damit zu leben.

Das ist es, was ich in meiner Arbeit immer wieder betone.

Auch beschnittene Frauen können ein erfülltes Leben führen. Es ist in manchem schwieriger. Es ist schade, dass wir uns erkämpfen müssen, was uns eigentlich gegeben ist, die Freude an unserem Körper, den Spaß an der Sexualität.

Doch afrikanische Frauen haben sehr viel Kraft.

• EPILOG •

ER WAR PILOT und flog am nächsten Tag nach Nairobi. Wir lernten uns nach einem Vortrag kennen, in der Nähe von Stuttgart. Ich bat ihn, ein Päckchen für Khadija mitzunehmen; er sagte: «Gern.»

Eilig fuhr ich zurück nach München, suchte ein paar Fotos zusammen, besprach eine Kassette und steckte Geld in einen Umschlag. Wir hatten sehr sparen müssen, eine Weile hatte ich Khadija nur unregelmäßig Geld oder Medikamente schicken können.

Am nächsten Morgen brachte ich dem Piloten das Päckchen. Am Nachmittag startete sein Flugzeug. Zwei Tage später, es war der 7. Juni 2001, übergab er meiner Schwester in Kenia meine Post.

Am Abend desselben Tages hatten Walter und ich in München Besuch von Freunden. Wir kochten, und da es sehr warm war, aßen wir auf dem Balkon. In der Nacht wachte ich auf. Ich weckte meine Freundin; es war schon ein Uhr. Ich bat sie, mit mir spazieren zu gehen.

Wir gingen die Straße hinauf und bogen in einen Weg, der hinunter zur Isar führte. Es war still, nur das Rauschen des Flusses war zu hören. Ab und zu fuhr ein Auto die Uferstraße entlang. Die Sterne funkelten, das Wasser glänzte schwarz. Wir liefen am Ufer entlang in Richtung Wasserfall. Ich war nervös und lief zügig, wie von einer unsichtbaren Macht getrieben. Meine Freundin folgte mir schweigend. Auch ich sagte nicht viel. Ich wollte nur weiter, immer weiter, bloß nicht stehen bleiben. Als drohe ein Kollaps, wenn ich innehielte, als würde die Unruhe mich zerspringen lassen.

Wir erreichten den Wasserfall, standen eine Weile schweigend dort und sahen dem Wasser zu, wie es in die Tiefe stürzte. Es rauschte in meinen Ohren. Und plötzlich fühlte ich mich leicht und frei.

«Lass uns zurückgehen», sagte ich. Meine Freundin wandte sich um. Ich hakte mich bei ihr ein und versuchte, gegen die Stille anzureden, doch wir waren beide zu müde für eine Unterhaltung. Als wir den Hang zur Straße hinaufstiegen, fiel uns auf, dass wir weder Geld noch ein Handy bei uns hatten. «Stell dir vor, uns wäre etwas zugestoßen», sagte ich. Wir gingen schneller und waren bald zu Hause. Ich kroch ins Bett und schlief wie ein glückliches Kind bis zum nächsten Morgen.

Wir frühstückten gerade, als der Anruf kam.

Khadija war tot.

Meine Schwester starb an dem Tag, an dem der Pilot ihr mein Päckchen überbracht hatte. Sie starb an einer Leberzirrhose infolge einer Hepatitisinfektion und ohne schmerzlindernde Medikamente.

Ich legte den Telefonhörer auf und wurde stumm.

Nachts geisterte ich ruhelos durch die Wohnung.

Als der Pilot zurückkehrte, überreichte er mir einen Umschlag mit einem Brief und zwei Armbändern. Als ich sie in

der Hand hielt, war es, als würden sie brennen. Sie brannten sich in mein Fleisch.

Ich war zu spät gekommen.

• ADRESSEN •

FORWARD GERMANY e. V.
Foundation for Women's Health, Research and
Development
Afrikanische Frauen (und Männer) machen Fortschritte

1. Vorsitzende: Dr. Tobe Levin Freifrau von Gleichen
Martin-Luther-Straße 35
60389 Frankfurt am Main
Levin@em.uni-frankfurt.de

2. Vorsitzende: Dr. med. vet. Asili Barre-Dirie
asili@gmx.de

www.forward.dircon.co.uk
www.forward-germany.de

www.faduma-korn.de